NOVELAS, ESPELHO MÁGICO DA VIDA

Coleção ELOS

Equipe de realização:
Coordenação de edição Luiz Henrique Soares e Elen Durando
Preparação Marcio Honorio de Godoy
Revisão Adriano Carvalho Araújo e Sousa
Produção Ricardo W. Neves e Sergio Kon.

SOLENI BISCOUTO FRESSATO

NOVELAS, ESPELHO MÁGICO DA VIDA
QUANDO A REALIDADE SE CONFUNDE COM O ESPETÁCULO

PREFÁCIO: JOSÉ D'ASSUNÇÃO BARROS

PERSPECTIVA

cip-Brasil. Catalogação na Publicação
Sindicato Nacional dos Editores de Livros, rj

F941n

Fressato, Soleni Biscouto
  Novelas, espelho mágico da vida : quando a realidade se confunde com o espetáculo / Soleni Biscouto Fressato ; [prefácio] José D'Assunção Barros. - 1. ed. - São Paulo : Perspectiva, 2024.
  208 p. ; 18 cm. (Elos ; 67)

  Inclui bibliografia
  isbn 978-65-5505-183-4

  1. Telenovelas - Aspectos sociais - Brasil. 2. Enredos (Teatro, ficção, etc.) - Aspectos sociais - Brasil. 3. Imagem (Filosofia). i. Barros, José D'Assunção. ii. Título. iii. Série.

24-88356   cdd: 302.23450981
            cdu: 316.774:654.1(81)

Meri Gleice Rodrigues de Souza - Bibliotecária - crb-7/6439
09/02/2024   16/02/2024

Direitos reservados em língua à

EDITORA PERSPECTIVA LTDA.

Al. Santos, 1909, cj. 22
01419-000 São Paulo sp Brasil
Tel.: (11) 3885-8388
www.editoraperspectiva.com.br
2024

Para Jorge, *meu bem querer*,
companheiro de todas as jornadas,
com quem renovo a cada dia *o sabor da paixão*
e escrevo nas *páginas da vida*,
a mais bela *história de amor*.

SUMÁRIO

PREFÁCIO – *José D'Assunção Barros*. 13

ABERTURA
   Telenovelas: O Espetáculo Transformado
   em Laboratório de Reflexão
   (Uma Introdução). 21

CAPÍTULO 1
   "Os Gigantes" da Rede Globo de Televisão
   (Gênese e Sucesso das Telenovelas). 30

CAPÍTULO 2
   A Espetacularização da "Vida da Gente"
   (Novelas Sob a Luz da Teoria Crítica). 45

CAPÍTULO 3
   No "Jogo da Vida", o Amor É uma Dádiva
   (Imagens Espetaculares do Sentimento Amoroso) 80

CAPÍTULO 4

Tudo É Possível "Em Família"
(Múltiplas Imagens Fidedignas) 109

CAPÍTULO 5

Coronel: "O Astro" das Novelas
(Imagens Espetaculares Desvelando
a Subjetividade) 128

CAPÍTULO 6

"Tempos Modernos" nas Novelas
(O Trabalho Espetacularizado,
o Trabalhador Idealizado)................... 144

ÚLTIMO CAPÍTULO

"O Pulo do Gato"das Novelas
(Narrativa Crítica às Margens do Velho Chico).. 170

CRÉDITOS FINAIS

"Estrela-Guia" das Reflexões
(Referências) 185

Um Aparte "Totalmente Demais":
(Referências das Novelas Citadas)............. 191

A telenovela Espelho Mágico *foi ao ar em 1977 e seu enredo girava em torno da vida cotidiana de um grupo de autores, diretores e atores que participava da telenovela* Coquetel de Amor. *Ou seja, tratava-se de uma telenovela que trazia para a cena outra telenovela. Os atores de* Espelho Mágico, *que também eram os atores de* Coquetel de Amor, *viviam situações e tinham problemas muito similares, ocorrendo uma confusão entre a "realidade de* Espelho Mágico*" e a "ficção de* Coquetel de Amor*". Confusão similar à que acontece quando os espectadores se veem, como num espelho, nas personagens e situações das telenovelas que assistem.*

PREFÁCIO

Neste belo livro, Soleni Biscouto Fressato – historiadora, socióloga e estudiosa das artes visuais – desenvolve uma instigante reflexão sobre a interação entre as novelas televisivas e a vida social, cotidiana, política, cultural e psíquica dos seres humanos articulados no seu viver coletivo. O título, à partida, já se mostra bem esclarecedor: *Novelas: Espelho Mágico da Vida (Quando a Realidade se Confunde Com o Espetáculo)*. Desde as primeiras páginas, a obra nos mostra como a vida real e as novelas se misturam no cotidiano de boa parte de seus espectadores. Tanto os espectadores se veem, de algum modo, nas novelas, como muitos não chegam a fazer uma distinção clara entre a novela e o mundo real. Nesses casos, ficam envolvidos pelas práticas que se estabelecem em torno dessas produções: ver as novelas, comentá-las, levá-las para o seu dia a dia, imaginar as personagens como parte da vida real e imaginar a si mesmos como partes de uma novela. Em muitas ocasiões, quando a oportunidade se apresenta, confundem o próprio ator da novela com a sua personagem, mesmo quando eles são vistos nas ruas. Em alguns momentos, como nos diz a autora na introdução de sua obra, "no dia seguinte a um capítulo, acordamos com a estranha sensação de que o que foi visto na tela ainda desfila em torno de nós".

Este importante livro mostra que as novelas – e as realidades televisivas – são capazes de fascinar, mas também de alienar, de acorrentar as pessoas a um mundo fictício que pode impedi-las de enxergar a sua própria realidade, o seu próprio entorno e a possibilidade de compreender e transformar o próprio mundo social em que vivem. No mundo da espetacularização e do ultraneoliberalismo, as novelas acompanham as possibilidades de falsificação da realidade, que já se colocam no plano econômico, e as potencializam no plano da cultura. Como apreender e decifrar o verdadeiro mundo social, com todas as suas contradições, no espetáculo falsificado trazido pelas novelas? Ao mesmo tempo, como nos diz a autora, as novelas também trazem registros, vestígios e pistas reveladoras do que escondem. Elas podem nos mostrar também os interesses daqueles que as produzem ou que a elas assistem. Como registros fictícios que simulam realidades, elas não deixam de retratar uma cultura material – a maneira como as pessoas se vestem, se alimentam, vivem o seu dia a dia – e as relações sociais que as envolvem, desdobrando-se em sentimentos bem reais, como o amor, o medo, a solidão, a sensação de sucesso ou fracasso, o sentimento de inclusão, de ascensão ou queda social. As novelas falam dos medos, das esperanças, das expectativas das pessoas comuns, pois são a elas que se dirigem. Por tudo isso, as novelas são fontes históricas, ou tornam-se fontes históricas aos olhares atentos dos historiadores. Se as imagens televisivas das novelas formam os espectadores, elas também os informam, no revés de um movimento dialético, em que os espectadores, seres humanos comuns, também informam (e formam) as novelas. E todos esses processos interligados irão posteriormente informar os historiadores, que buscam compreender a sociedade por fontes diversas, entre as quais as novelas.

É esse olhar atento de historiadora e cientista social que a autora revela nas análises que desenvolve nos vários capítulos de seu instigante livro. As novelas, como realizações artísticas contraditórias, em sua capacidade de retratar e distorcer a realidade, interferem na vida social e são por ela afetadas. Agem sobre a realidade social que as envolve, no mundo dos espectadores, ao mesmo tempo que são produtos dessa mesma realidade. As novelas são realizações da própria história: são produzidas por um grupo específico de realizadores (diretores, roteiristas, atores, profissionais diversos, financiadores), mas também são produzidas por uma realidade coletiva mais ampla, pois os espectadores e o mundo envolvente, a realidade política social, o que acontece ou pode acontecer no cotidiano, o homem e a mulher comum que assistem à novela ou que ouvem falar dela pelos que a assistiram, todo esse mundo humano coletivo e multidimensional, em última instância, é o verdadeiro autor das novelas, que nos chegam pela televisão. Por isso, coloca-se aqui a possibilidade dupla de analisar a sociedade através da novela e, inversamente, analisar a novela por intermédio da sociedade. É essa riquíssima interação entre a novela e a sociedade – entre esses dois mundos tão reais, cada um à sua maneira – que constitui o caminho de análise desenvolvido pela autora.

À historiadora, é oportunizada a possibilidade de examinar os projetos de agir sobre a sociedade que são encaminhados pelas diversas novelas. Sejam esses projetos de dominação e de alienação, como ocorre em muitas das novelas da Rede Globo, emissora cujo jornalismo estava em sintonia com os governos militares na segunda metade dos anos 1960 e durante toda a década de 1970; sejam projetos de resistência, denúncia ou de visão progressista, como os das novelas de Dias Gomes (*Roque Santeiro*, *Saramandaia*, *O Bem Amado* e *O Espigão*) ou o tema da reforma agrária trazido por *O Rei do Gado*. Inseridas no contexto de uma grande emissora que, em diversas ocasiões e desde a sua fundação, foi colaboradora do regime militar, de projetos empresariais capitalistas e do agronegócio, as novelas mais progressistas da emissora podem se apresentar como contradições importantes, que anunciam uma diversidade interna a ser considerada pelos pesquisadores. Além disso, em que pese o papel de indivíduos criadores (como os diretores e roteiristas) nesses projetos, cabe lembrar que, com as novelas televisivas, tratamos de obras coletivas, produzidas a muitas mãos, o que também confere um papel social aos projetos à esquerda e à direita trazidos pelas telenovelas.

Há implicações importantes em perceber a novela como produção coletiva – não apenas porque uma rede de profissionais bastante complexa é necessária para transformar a novela em uma realização televisiva efetiva, mas também porque, para além dos seus criadores e realizadores, o próprio público espectador também traz o seu poder de redefinir os rumos de uma novela e, portanto, recriá-la em direções não previstas pelos diretores e roteiristas. A partir de exemplos como *Torre de Babel* e *Babilônia* – entre outras produções que ocupam o centro da análise –, a autora mostra como a pressão do público pode redefinir os caminhos propostos pelos diretores televisivos, que buscam conquistar a audiência. Se a novela pode agir sobre a sociedade, essa mesma sociedade, em contrapartida, pode agir sobre ela. A novela, desse modo, se apresenta literalmente como "obra aberta", que vai sendo construída à medida que o próprio público a consome e reage a ela, sendo inteiramente excepcionais os casos em que – devido a circunstâncias especiais, como a pandemia de Covid-19 – se apresentaram como "obras fechadas", caso de *Um Lugar ao Sol*, estreada pela Globo em 2021.

A novela é examinada pela autora em toda a sua complexidade, num texto que revela, ao mesmo tempo, a seriedade de uma pesquisa e a fluência de uma escrita envolvente e estimulante. Além de uma abordagem que a examina como realização que se dá na confluência entre a indústria cultural e a sociedade do espetáculo, a interdisciplinaridade com a psicologia e a psicanálise constitui uma dimensão crucial na análise, figurando em diversos capítulos, a partir do diálogo com diversos teóricos ligados aos saberes *psi* – particularmente naqueles que tratam do amor, da família, das gerações e das tensões do indivíduo humano diante da modernidade. Além disso, a intertextualidade, com a reflexão crítica sobre a literatura e outras mídias, é importante para situar a filiação entre as telenovelas e suas congêneres na literatura, na prática folhetinesca dos antigos jornais e no rádio. Por fim, os capítulos que abordam mais diretamente o mundo político e social – com especial ênfase nas figuras locais que se tornam condutoras do autoritarismo, a exemplo dos coronéis – constituem momentos privilegiados para a interdisciplinaridade com a ciência política, a sociologia e a história, como o capítulo que discute o trabalho (formal, informal ou ausente, por meio do ócio e da marginalidade), e traz para o cenário principal a interdisciplinaridade com a economia. Adicionalmente, o circuito interdisciplinar enriquece-se, sobretudo no último capítulo, com a geografia e a ecologia, permitindo incorporar – a partir da análise de *Velho Chico* – a imprescindível e urgente reflexão sobre a questão ambiental, as formas saudáveis de produção agrícola e o reconhecimento dos povos originários e da cultura local na confluência de direitos humanos e direitos da natureza.

Do ponto de vista de sua estrutura, a obra organiza-se em torno da combinação de algumas figuras-chave (que muito aparecem nas telenovelas brasileiras – as personagens ligadas à família, às relações amorosas, à política, ao poder local dos coronéis ou às classes sociais diversas) com temáticas variadas, que se relacionam a questões importantes para a contemporaneidade brasileira, articulando essa combinação a uma boa variedade de novelas cuidadosamente escolhidas e oferecendo toda uma riqueza de exemplos para as análises empreendidas. Um sabor especial é acrescentado pelas divertidas interações que a autora traz entre suas análises e a própria linguagem novelística, a exemplo do criativo recurso de encerrar cada capítulo do livro com as "cenas do próximo capítulo". Por fim, também merece destaque a estruturação bem pensada da obra, que além de discutir as diversas problemáticas explicitadas acima, proporciona, no plano geral, uma percepção da história das telenovelas no Brasil como um todo. Logo no primeiro capítulo, é desenvolvida a reflexão sobre a origem das telenovelas e seu diálogo com o próprio contexto de fundação e desenvolvimento da Globo, considerando os processos de interação com o capital estadunidense. É também uma virtude adicional da autora a acuidade em perceber o conjunto histórico de telenovelas como espaço polifônico, que coloca em convivência distintos projetos sociais e que, no arco mais amplo, revela um plano geral de execução bem urdido e estudado, onde cada tipo de novela e horário televisivo dirige-se a uma faixa da população.

Aprendemos aqui muito sobre as telenovelas, mas também sobre como funciona o capitalismo, como se planifica a indústria cultural para alcançar os diversos setores sociais, como o mundo político interage com as realizações televisivas, como a própria sociedade cria suas dinâmicas específicas e também permite que homens e mulheres comuns se imponham, de alguma maneira, aos donos da riqueza e do poder que pretendem dominá-los. Aprendemos com a obra o tenso diálogo entre a alienação e a conscientização social, e vislumbramos as complexas relações entre os indivíduos e a sociedade, assim como os processos econômicos que transformam a própria cultura e suas realizações em mercadorias. Aprendemos um pouco sobre a história das tecnologias audiovisuais, sobre as estratégias de marketing, sobre psicologia das massas e acerca de ciência política e antropologia, aplicadas a um estudo de caso específico no seio da indústria cultural. Sentimentos como amor, rivalidade, ciúme, solidão, sofrimento do abandono, exclusão social e vontade de ascender socialmente são trazidos à pauta para aprendermos também, com esta obra, um pouco mais da possibilidade de estender um olhar crítico para a compreensão da família, do trabalho, das tensões geracionais, das desigualdades e diferenças, do viver coletivo nas cidades e nos campos. Aprendemos, principalmente, muito de história, e mais uma vez nos abrimos a uma nova oportunidade para desenvolver um olhar crítico – sempre e cada vez mais necessário nos últimos tempos da história social e política brasileira. O leitor, além disso, terá certamente momentos de prazer, ao relembrar cenas que se tornaram clássicas e representativas da sofisticada arte de fazer novelas e que, de alguma maneira, "vale a pena ver de novo".

José D'Assunção Barros
Doutor em História pela UFF e professor
do Departamento de História da UFRRJ.

ABERTURA

TELENOVELAS:
O ESPETÁCULO TRANSFORMADO
EM LABORATÓRIO DE REFLEXÃO
(UMA INTRODUÇÃO)

CENA 1

Curitiba, dezembro de 1975. Minha família estava reunida na cozinha, jantando e assistindo à novela *A Viagem*. Na tela da TV, Diná Veloso havia morrido e chegava à colônia espiritual "Nosso Lar". Minha mãe, impactada pelas belas imagens da colônia, um lugar com frondosas árvores, onde pessoas tranquilas vestidas de branco passeavam, ficou hipnotizada frente à TV: por alguns momentos, seu corpo ficou todo contraído e seus olhos arregalados olhavam fixamente para a tela. Meu pai perguntou o que estava acontecendo, mas ela não respondeu. Quando saiu do transe, ela explicou, com os olhos cheios de lágrimas, que acreditou poder ver seu pai (que havia falecido em 1969) no "céu da novela". Vários anos depois, em 1994, quando a Rede Globo de Televisão começou a noticiar que faria uma nova versão de *A Viagem*, minha mãe lembrou: "Ah, a novela que eu pensei que poderia ver meu pai morto!"

CENA 2

Paris, agosto de 2013. Numa conversa informal com uma paulista, no aniversário de uma amiga francesa em comum, ao comentar sobre o projeto de escrever este livro, ela lembrou um caso familiar. Seus pais eram portugueses e haviam migrado para o Brasil nos anos 1970. Seguidamente eles recebiam cartas dos parentes que haviam ficado em Lisboa, afirmando que eles tinham sorte de ter migrado para o Brasil, que a vida deles era muito boa, muito confortável e que eles haviam ficado ricos. O casal português radicado em São Paulo se perguntava como os parentes poderiam fazer tais afirmações, de onde tiravam essas ideias? Eles, ricos? Numa carta, eles colocaram essas questões e receberam como resposta dos parentes que eles tinham certeza do conforto e bem-estar que rodeava a família migrante, porque viam pelas telenovelas que a vida no Brasil era muito boa, que não havia pobreza, nem sofrimento, que as injustiças eram punidas e que todos viviam bem e felizes.

Inicio com essas histórias pessoais, recobertas de significados, porque elas vêm ao encontro do conjunto de hipóteses defendidas neste livro: as telenovelas criam imagens-referências, que constroem formas de pensar e agir, veiculando elementos simbólicos significativos na formação da subjetividade. Elas também criam imagens positivas, muitas vezes equivocadas, e quase sempre com a capacidade de distorcer ou de camuflar a realidade socioeconômica, política e cultural do país.

Nessas imagens, que cumprem seu papel de elaborar outro mundo, paralelo ao real, os telespectadores se encontram e se veem refletidos. Não se trata apenas de uma representação de sua vida cotidiana, mas sua própria vida, suas alegrias e prazeres, suas angústias e dúvidas. Olhando para a TV, é como se estivessem frente a um espelho, tamanho o grau de identificação com as personagens e histórias narradas. Essas imagens, que imitam ou substituem as imagens que a própria realidade produz, são também reais. São, também, uma "leitura" dessa mesma realidade, como expressão, mais ou menos limitada, dos escritores e dos diretores, que transportam as narrativas para as telas dos televisores. Muitas vezes, a representação supera a realidade. Outras tantas, a realidade é tão absolutamente inabordável em sua "totalidade" que parece impossível capturá-la. Noutras, existe uma coincidência mais feliz, que dá o sentimento de que, ao ver uma telenovela, estamos imersos na realidade e na própria representação, de tal sorte que, no dia seguinte a um capítulo, acordamos com a estranha sensação de que o que foi visto na tela ainda desfila em torno de nós.

No vai e vem de programas televisivos, que se alternam numa velocidade vertiginosa, o espectador estabelece uma relação com as imagens, acreditando que está se relacionando com o mundo real. É inevitável estabelecer uma comparação com a alegoria da caverna de Platão. No texto do filósofo grego, um grupo de homens, acorrentado no fundo de uma caverna e de costas para a abertura de entrada e saída, apenas via sombras projetadas na parede. Sombras do mundo que existia fora da caverna. Na frente da TV, os homens, presos por correntes ideológicas invisíveis, veem imagens do mundo, acreditando que estão vendo o próprio mundo. Para Platão, os homens poderiam se libertar da condição de escuridão que os aprisiona, utilizando a luz do conhecimento. E para os homens em frente à TV, qual seria a alternativa? Como podem se libertar? Teriam eles, de alguma forma, acesso à luz da verdade? Talvez, a possibilidade venha das próprias imagens, uma vez que, por serem contraditórias, possuem potencialidade para fascinar e alienar, mas também para fornecer pistas de como acessar e compreender a realidade.

Diante dessas constatações, optei por um corpo teórico que contempla uma reflexão a respeito do lugar das telenovelas, não apenas como discursos sobre a sociedade, mas como fator de identidade, influenciando, moldando e capturando subjetividades. Os pressupostos da teoria crítica, sobretudo os conceitos de "indústria cultural"[1] e de "sociedade do espetáculo"[2], foram os que mais forneceram subsídios para tal intento. Da "indústria cultural" à "sociedade do espetáculo" houve um grande avanço do aperfeiçoamento técnico dos meios de comunicação, que passaram a traduzir a vida em imagens, abarcando grande extensão da vida social. Os programas televisivos são o mais forte exemplo desse processo, uma vez que são a mais espetacular tradução da indústria cultural. Apesar de já passadas várias décadas de suas elaborações, esses conceitos permanecem atuais e fornecem pistas significativas para análise do fenômeno cultural em que se transformaram as telenovelas no Brasil.

Contudo, esses conceitos não abarcam o todo complexo e contraditório das imagens veiculadas pelas telenovelas. Algumas delas ou cenas não são apenas imagens espetaculares que reduzem os indivíduos a meros consumidores. Essas imagens, além de formarem, também informam o espectador, numa dupla via de criticidade e ocultamento frente à realidade, não isenta de tensões e contradições. Para melhor compreender esse aspecto, foi utilizado, como eixo teórico, as reflexões de Walter Benjamim[3] e de Siegfried Kracauer[4] acerca da possibilidade de politização das massas a partir das imagens espetaculares veiculadas pela indústria cultural, como são as telenovelas.

A escolha por esse corpo teórico foi inspirada nas argumentações de Vladimir Safatle, ao apresentar o livro

1 Ver T. Adorno; M. Horkheimer, A Indústria Cultural, *Dialética do Esclarecimento*.
2 Ver G. Debord, *A Sociedade do Espetáculo*.
3 Ver A Obra de Arte na Época da Sua Reprodutibilidade Técnica, *Magia e Técnica, Arte e Política*.
4 Ver *De Caligari a Hitler*.

Videologias, de Eugênio Bucci e Maria Rita Kehl. De acordo com Safatle, a economia libidinal da sociedade contemporânea não se baseia mais na repressão ao gozo, mas, de forma totalmente oposta, na incitação ao gozo, que encontra, na lógica midiática do espetáculo, seu espaço natural. Na sociedade do espetáculo, o gozo e a satisfação tornaram-se imperativos morais e sociais. Essa possibilidade de "dessublimação repressiva" já havia sido sinalizada por Herbert Marcuse[5]. O gozo permitido, incentivado ao máximo na sociedade massificada de consumo, não liberta nem emancipa, ao contrário, torna-se um instrumento de dominação.

Diante dessa constatação, apenas uma reflexão que considere as teorias sociais sobre a "indústria cultural" e a "sociedade do espetáculo", unidas aos pressupostos psicanalíticos, uma vez que as produções midiáticas estão direcionadas ao desejo, dará conta de analisar as imagens veiculadas pelos meios de comunicação de massa, sobretudo pela televisão.

Como bem afirmou Cássio Eduardo Soares Miranda, a subjetividade constitui-se como um processo de construção dos modos de pensar e agir de um sujeito[6]. Essa construção é feita de forma consciente e influenciada pelo meio sociocultural, mas também possui elementos inconscientes. Uma vez que as mídias ocupam um espaço social cada vez maior, é inegável que possuem um importante papel no processo de construção da subjetividade e de ideais identificatórios, construindo e padronizando modelos de comportamento e definindo estilos, tornando-se um meio privilegiado de configuração, não apenas do espaço público, mas também do privado. Na sociedade do espetáculo, vive-se uma dependência da imagem, uma valorização do instantâneo e a busca desenfreada por satisfação imediata. Ela produz nos

5   Ver *Eros e Civilização*.
6   Ver C.E.S. Miranda, *Amores Contemporâneos e Seus Impasses*.

indivíduos o desejo de um pseudossaber e uma necessidade de identificação aos modelos oferecidos pelo mercado de imagens, utilizando estratégias de sedução e captação, capazes de atrair e fidelizar seu público. A sociedade do espetáculo dissemina a ideia de que para ser feliz é preciso consumir, sejam produtos, subjetividades ou construções imaginárias.

As telenovelas se apropriam de valores que circulam no meio social, divulgando-os de forma espetacularizada, tendo em vista a adesão emocional dos espectadores a tais valores, nos quais passam a se espelhar. O resultado é o surgimento de uma empatia (construída por meio da mobilização de imaginários coletivos) entre o espectador e o discurso, entre o espectador e aquele que profere o discurso. As personagens das telenovelas (através do discurso de seus autores) dão ao espectador aquilo que ele quer ver e ouvir, multiplicando os signos da cumplicidade. Nesse processo, as telenovelas são construídas sobre a estratégia de que anuncia e veicula veracidade, pois ocupam um lugar na lógica emotiva, tocando o horizonte de expectativas e de desejos dos espectadores.

Munida desse arcabouço teórico, selecionei para análise algumas imagens recorrentes nas telenovelas que perfazem alguns capítulos deste livro: do amor, da família, das tendências autoritárias (com destaque para a emblemática figura do coronel), do trabalho e dos trabalhadores. Em cada um desses capítulos foram privilegiadas algumas telenovelas, produzidas pela Rede Globo de Televisão, para a análise de cada tema, recorrendo a outras sempre que necessário para confrontar ou validar as hipóteses. É uma exceção a esse caso somente o último capítulo, para o qual selecionei apenas uma telenovela, *Velho Chico*, no intuito de analisar a dimensão de crítica social que tais imagens espetaculares podem assumir.

A opção pelas telenovelas produzidas pela Rede Globo possui alguns motivos. O primeiro deles é que a emissora conta com um grande número de afiliadas, cobrindo quase a totalidade do território nacional, com um índice maior de 98%, atingindo 99% da população. O segundo motivo é que, desde o início dos anos 1970, a emissora se destaca, internacionalmente, como grande produtora de telenovelas. Desde então, ela vem investindo maciçamente na produção desses programas. O exemplo mais atual foi o lançamento, em fins de 2019, de um megaestúdio com mais de 1.500 m² de área útil, denominado Módulo de Gravação 4 (MG4). Foram mais de três anos de estudos, dezoito meses de obras e um investimento que ultrapassou os R$ 207 milhões, com o objetivo de produzir telenovelas com mais qualidade técnica e veracidade nos roteiros.

Além disso, a Rede Globo investe em publicidade das próprias telenovelas. Não raro, os atores participam de programas de entrevista da emissora, para falar de suas personagens. Outro exemplo dessa estratégia de autopromoção foi o lançamento, em agosto de 2021, da publicidade *Globo: De Talento em Talento, a Emoção Acontece*, valorizando os inúmeros profissionais envolvidos no "fazer telenovelas":

> Todo dia, alguém olha pra vida, pra contar uma história. Alguém empresta seu talento, seu sotaque, seu jeito, pra você se reconhecer. Alguém solta uma risada, pra puxar a sua risada. Alguém diz "ação", pra outra pessoa dizer "te amo", e no final, você se apaixonar. Todo dia, alguém grava, produz, escreve, constrói, transmite, transporta, pra você parar e descansar um pouco. Alguém transforma, inova, inventa, pra você escolher a tela, o lugar, o formato que você quiser. Todo dia alguém olha pra vida, pra contar a próxima história, e outra, e outra, e mais uma. De talento em talento, a emoção acontece.[7]

7   Criação de Carlo Iulio, Alexandre Tommasi e Raphaela Affonso. Direção de Marca & Comunicação de Manuel Falcão. Direção de Marketing & Operações de Mariana Novaes. Direção de Criação de Ricardo Moyano. Narração de Taís Araújo. A publicidade integra uma campanha mais ampla, valorizando todos os profissionais da emissora, incluindo os envolvidos com o telejornalismo e os programas de entretenimento e de esporte.

O uso de uma linguagem coloquial, narrando o que ocorre na tela e as prováveis reações dos telespectadores, unida às múltiplas imagens de telenovelas e atores conhecidos, não é por acaso. Tem por objetivo integrar ainda mais a vida das pessoas às histórias que surgem nas telas, transformando--as em verdadeiros espelhos mágicos.

No mesmo tom intimista, capturando o telespectador, alguns meses depois, em 21 dezembro, a Rede Globo comemorou sua trajetória de telenovelas com o programa *70 Anos Esta Noite*[8], numa alusão à primeira telenovela, *Sua Vida Me Pertence*, que foi ao ar em 1951, pela extinta tv Tupi. Na verdade, a comemoração ocorreu ao longo do dia. Durante a programação da emissora, a atriz Tati Machado relembrou telenovelas e personagens de sucesso que perfazem todo um imaginário do país e da população brasileira. Atores e diretores também participaram, comentando episódios marcantes. Vários atores reuniram-se e conversaram descontraidamente, sem roteiro pré-fixado, sobre personagens que interpretaram. A atração foi organizada em torno de temas: mães, casais românticos, heroínas e heróis, vilãs e vilões. O resultado foi um programa marcado pela emoção, que passeou pela memória afetiva não apenas dos atores, mas também do telespectador.

Inspirada nas muitas telenovelas que já assisti, nomeei cada capítulo parafraseando alguns títulos, o que ocorre também com o título deste livro. Da mesma forma, no final de cada capítulo, ao bom estilo "telenoveleiro", inseri a vinheta "Cenas do Próximo Capítulo", recorrentemente usada pela Rede Globo de Televisão até os anos 1980. No final de cada capítulo da telenovela, a emissora inseria imagens do capítulo seguinte, na expectativa de cativar o espectador e garantir a audiência. Em 1990, com *Rainha da Sucata*, a emissora aboliu a vinheta. No mesmo período, a Rede Manchete de Televisão

8 Direção de Henrique Sauer, roteiro de Bia Braune e Celso Taddei, supervisão de texto de George Moura e narração da atriz Jessica Ellen.

levava ao ar a primeira versão de *Pantanal*, de Benedito Ruy Barbosa. Antes das "Cenas do Próximo Capítulo" de *Rainha da Sucata*, o público já havia trocado de canal, preferindo assistir à telenovela de Benedito. Para evitar a debandada, a Rede Globo preferiu "colar" o fim de *Rainha da Sucata* com sua linha de shows, excluindo as "Cenas…". Não por acaso, em 2022, quando a Globo levou ao ar uma nova versão de *Pantanal*, a telenovela trouxe de volta a ideia de sinalizar alguns elementos que ocorreriam no capítulo posterior. "No Próximo Capítulo" passou a finalizar as telenovelas de todos os horários. Nesse sentido, merece destaque *Mar do Sertão*, finalizada por uma dupla de repentistas paraibanos, Juzé e Lukete. Ao bom estilo do cordel, eles cativam o telespectador para não trocar de canal antes de assistir as "Cenas do Próximo Capítulo", e também para acompanhar a saga sertaneja no dia seguinte. Neste texto, o "Cenas…" nada mais é do que uma provocação ao leitor, com alguns questionamentos norteadores do capítulo vindouro.

Para evitar a sobrecarga de informações ao longo do texto, optei por elencar as referências (autoria e direção) das telenovelas citadas no final.

Ao escrever este livro, não pretendi fornecer respostas definitivas às questões que eu mesma formulei, nem pretendo convencer o leitor de que meus argumentos são os únicos possíveis. Ele é, sobretudo, um exercício de reflexão e de rememoração (de algumas personagens e telenovelas e dos processos sociais nos quais elas brotaram) para o qual convido o leitor a me acompanhar.

CENAS DO PRÓXIMO CAPÍTULO

- ◆ Qual é a origem das telenovelas?
- ◆ De que maneira se tornaram *os gigantes* da Rede Globo de Televisão?

CAPÍTULO 1

"OS GIGANTES" DA REDE GLOBO DE TELEVISÃO
(GÊNESE E SUCESSO DAS TELENOVELAS)

Crítica ao poder de grandes empresas multinacionais no Brasil, discussões sobre a ditadura militar, triângulo amoroso, eutanásia, suicídio, homossexualidade: esses foram alguns temas de Os Gigantes. A novela registrou apenas cinquenta pontos no Ibope, um fracasso para a época, revelando a não aceitação do público (moralista) em relação aos temas polêmicos, apesar de sua atualidade. A própria emissora não aprovou a abordagem dada às multinacionais. O autor foi trocado e muitos temas amenizados. Os bastidores revelaram as contradições entre autoria e atores e a produção, entre o gosto do público e a narrativa proposta. Revelou as contradições inerentes a todas as telenovelas.

As telenovelas brasileiras são herdeiras diretas das novelas literárias, dos folhetins e das radionovelas. As novelas literárias, do ponto de vista formal, estão situadas entre os romances (mais longos) e os contos (mais curtos), possuindo como tema os fatos sociais e históricos, que são transpostos para a ficção de forma romanceada, sem perder o vínculo com a realidade que as criou. O objetivo é proporcionar entretenimento e prazer estético aos leitores, com a descrição de paixões e costumes socioculturais.

No início do século XIX, as novelas literárias foram transpostas para os jornais e revistas na forma de folhetins, sendo publicados diária ou semanalmente em capítulos. A estratégia aumentou o número de vendas, pois, para além das notícias, as pessoas estavam mais interessadas em acompanhar o destino das personagens envolvidas nas tramas folhetinescas. Em meados do século XIX, o gênero já era um sucesso no Brasil, onde se destacaram vários autores, como José de Alencar, Machado de Assis e Lima Barreto. Os temas giravam em torno de acontecimentos sociais e políticos, de atividades e rotinas cotidianas, buscando recriar, com realismo e emoção, a miséria da condição humana em sociedades historicamente datadas.

Nos anos 1940, os folhetins foram transpostos para o rádio, com o objetivo de popularizar a programação. Tramas literárias passaram a ser dramatizadas, dando destaque a autores e atores e estimulando a imaginação dos ouvintes. Para tanto, além das narrativas dialogarem com a realidade social, também eram utilizados vários recursos na reprodução de sons e ruídos (o som da chuva, o tic-tac do relógio, os passos das personagens etc.). Nascia a radionovela, gênero da maior importância na construção de uma cultura ainda mais massificada, uma vez que prescinde da leitura e pode ser acompanhada concomitantemente a outras atividades. Apesar de pouco comum, sua força popular faz com que ainda sobreviva na atualidade.

Na década seguinte, toda a experiência criativa, técnica e administrativa acumulada pelo "fazer radionovela" seria transferida para a televisão, no formato da telenovela. Enquanto neta do folhetim e filha da radionovela, a telenovela herdou não apenas a estrutura narrativa, mas também os autores e atores de maior destaque, que precisaram se adaptar ao trabalho frente às câmeras. Não bastava mais ter boa entonação da voz; a aparência e a imagem que cada um construía de si ganhou maior importância e passou a ser mais valorizada. A telenovela herdou também toda popularidade e bom contato junto ao público, estabelecendo certa simbiose com suas antecessoras. Tanto que os termos "radionovela" e "telenovela" são raramente utilizados no Brasil; popularmente elas são designadas apenas pela palavra "novela". É dessa forma que, a partir daqui, as telenovelas serão identificadas, ao longo deste texto, simplesmente como novelas.

A gênese das novelas no Brasil está intrinsecamente associada ao surgimento dos canais televisivos. Em setembro de 1950, foi inaugurado, por Assis Chateaubriand (jornalista e empresário influente entre os anos de 1940 e 1960), o primeiro canal de televisão brasileiro, a TV Tupi. Pouco mais de um ano depois, em dezembro de 1951, a Tupi lançou a novela *Sua Vida Me Pertence*, escrita e dirigida por Wálter Forster, primeira no gênero, não apenas no Brasil, mas no mundo. A novela ia ao ar ao vivo e apenas duas vezes na semana. Apenas em 1963, com a intitulada *2-5499 Ocupado* da TV Excelsior, as novelas passaram a ser diárias e começaram a se transformar no grande fenômeno de massa que são na atualidade, pois, a partir de então, tornaram-se os programas mais vistos e mais lucrativos das emissoras.

De acordo com Erika Thomas, as primeiras novelas brasileiras, independente de sua emissora, eram fortemente influenciadas pelo estilo dramático das radionovelas mexicanas, argentinas e cubanas[1]. A autora de destaque era a cubana Glória Magadan, que escreveu várias para a Rede Globo, até o início dos anos 1970. Apesar do sucesso das novelas de Magadan, elas não estavam relacionadas à realidade brasileira. A autora criava narrativas que se passavam na corte francesa, no Marrocos, no Japão ou na Espanha. As personagens eram

---

1 Ver *Les Telenovelas entre fiction et réalité.*

condes, duques ou ciganos, não faltando os vilões cruéis, as mocinhas ingênuas e os galãs virtuosos. Em fins dos anos 1960, a TV Tupi investiu em novas fórmulas de linguagem, substituindo as fantasias dos dramalhões pela realidade do cotidiano. Mas foi a Rede Globo que resolveu transformar a novela numa "arte" brasileira, abandonando definitivamente o estilo melodramático e teatral latino-americano para criar um ritmo brasileiro, uma linguagem próxima da popular e focar em histórias sintonizadas com a realidade do país. Em 1967, com a atuação de Janete Clair (em colaboração com Glória Magadan e Emiliano Queiroz) surgiu o "espírito Globo" de fazer novela, com *Anastácia, a Mulher Sem Destino*. Mas foi em 1969, com *Véu de Noiva*, também de Janete Clair, que ocorreu o rompimento definitivo com o estilo latino-americano. Por conta dessas significativas mudanças, no início dos anos 1970, a Rede Globo já era reconhecida internacionalmente como grande produtora de novelas e havia consolidado uma nova forma de fazê-las, que, apesar das variedades de temas ao longo das décadas, não apresenta grandes variações de estilo.

AS NOVELAS E A REDE GLOBO DE TELEVISÃO

Em 1965, com o apoio financeiro do grupo estadunidense Time-Life, foi fundada no Brasil a Rede Globo de Televisão, que se transformou na maior emissora do país e uma das maiores no mundo. A empresa contribuiu com alguns milhões de dólares para a criação e expansão da emissora. Os contratos firmados previam, além do investimento financeiro, a colaboração técnica e administrativa, e a Time-Life chegou a ceder um de seus funcionários, Joe Wallach, para a direção da emissora.

De acordo com a Constituição da época, vigente desde 1946, era proibida a participação de empresas estrangeiras na criação ou no incentivo de emissoras de TV em território nacional. A fim de esclarecer a relação entre a Time-Life e a Globo, foi instaurada uma Comissão Parlamentar de Inquérito (CPI) para investigação sob responsabilidade do Congresso Nacional. Em 1966, a CPI deu parecer desfavorável à Rede Globo, afirmando que os contratos assinados feriam a Constituição, uma vez que havia a participação da empresa estadunidense na orientação intelectual e administrativa da emissora. Em 1967, o então consultor-geral da República, Adroaldo Mesquista da Costa, emitiu novo parecer sobre o caso, considerando que não havia sociedade entre as duas empresas, uma vez que a modalidade jurídica adotada não permitia qualquer interferência na gestão da emissora. Esse novo parecer revela a influência política que o grupo Time-Life e a nascente Rede Globo exerciam junto aos governos militares.

O caso ganhou as páginas dos jornais e incentivou várias reflexões, como as do jornalista Daniel Herz, que concluiu uma dissertação de mestrado na Universidade de Brasília, em 1983[2]. Nela, o pesquisador defendeu a tese de que a maior emissora do país foi construída com capital estrangeiro, possuindo, desde então, grande influência econômica e política, chegando a manipular a Bolsa de Valores, interferir nas ações policiais e CPIs e até eleger ou destituir presidentes da República. Posição similar é assumida pelo diretor Simon Hartog no documentário, veiculado pela televisão britânica, *Beyond Citizen Kane* (Muito Além do Cidadão Kane, 1993), numa referência ao clássico filme de Orson Welles. Para Hartog, a partir de um acordo político entre os EUA, por meio dos órgãos de inteligência, e os militares brasileiros, o papel da Rede Globo seria disseminar o *American way of life* e fazer uma propaganda positiva em favor da ditadura e em defesa das empresas multinacionais, sobretudo estadunidenses.

2   Ver *A História Secreta da Rede Globo*.

Eram elas que praticamente controlavam grande parte da infraestrutura que sustentava o país, incluindo a geração de energia elétrica e o fornecimento de água. Por conta disso, a emissora interveio fortemente no roteiro e produção de *Os Gigantes*, sugerindo cortes e trocando o autor, uma vez que a novela, como afirmado anteriormente, questionava exatamente a intervenção de empresas multinacionais estadunidenses no Brasil[3].

Em 1976, ao criar o Padrão Globo de Qualidade, a emissora cedeu às novelas o horário que designa como "nobre" de sua programação. Esse horário é composto por duas novelas, nos horários das seis e sete horas, intercaladas por um curto jornal regional, e uma novela de produção "nobre" e com enredo "mais forte" (termos utilizados pela própria emissora, para caracterizar as novelas desse horário), a das nove horas, que começa logo após o *Jornal Nacional*, primeiro telejornal em rede nacional, que estreou em 1969[4]. Com tal estrutura, verifica-se que a emissora considera as novelas tão importantes como os jornais. E ainda, se for considerado que as novelas perfazem um total de quase três horas, enquanto os jornais somam pouco mais de uma hora de duração, pode-se dizer que a novela é o principal programa do "horário nobre"[5].

Essa estrutura revela que os programas televisivos são organizados de tal forma que levam a ocorrer o que Eugênio

---

3   O autor era Lauro César Muniz, que foi afastado no 18º capítulo, sendo substituído por Maria Adelaide Amaral.

4   Antes de 2011, essas novelas, que iniciavam às 20h30, recebiam a designação de "novela das oito". A partir de então, a emissora fez um ajuste em seu "horário nobre": o *Jornal Nacional* teria início às 20h30 e a novela posterior, às 21h15, passando a ser designada como "novela das nove". Aliás, "novela das seis", "novela das sete" e "novela das nove" são designações utilizadas pela própria emissora.

5   Atualmente, os jornais ocupam mais de dez horas e as novelas mais de quatro horas na programação diária da emissora, que permanece no ar 24 horas por dia.

Bucci denominou de "embaralhamento sistêmico entre fato e ficção, entre informação e entretenimento"[6]. Nesse esquema, a realidade surge aos espectadores como ficção nos noticiários e a ficção das novelas como realidade. Essa situação apontada por Bucci se agrava quando, num mesmo programa, encontram-se elementos ficcionais mesclados aos reais. Nenhum outro programa, como as novelas, é capaz de fazer tal síntese, uma vez que, utilizando-se de personagens fictícias, suas narrativas se sustentam cada vez mais em argumentos da realidade.

Mas as novelas não ocupam apenas o horário nobre. Desde o final dos anos 1970, a emissora vem investindo em reprises de novelas, sendo que, em 1980, com *Dona Xepa*, foi criado o programa *Vale a Pena Ver de Novo*. A emissora informa que não segue nenhum critério para escolher as novelas reprisadas. Algumas foram grande sucesso de audiência, como *Laços de Família*, outras nem tanto, como *Pecado Rasgado*. Outras novelas de grande sucesso, como *Baila Comigo*, nunca foram reprisadas. A distância temporal também não é um critério. *Top Model*, por exemplo, foi exibida até maio de 1990 e reapresentada em janeiro de 1991. Já *Roque Santeiro* foi exibida em 1986 e reapresentada apenas em 2000. A preferência para reprises é das novelas das seis e sete horas, pois as das nove horas precisam ser adaptadas com vários cortes, para atenderem à classificação livre ou de dez anos instituída pelo Ministério Público. Mesmo assim, a emissora já reprisou novelas desse horário, como *Mulheres Apaixonadas*.

Além de programar as reprises, a emissora também já investiu no horário das cinco e dez horas para a exibição de novelas. *Malhação* foi exibida entre 1995 e 2020, perfazendo um total de 27 temporadas. Era uma novela voltada para o público adolescente, tratando de temas relacionados à idade, sendo o cenário básico a vivência em colégios. Já a primeira

6   E. Bucci; M.R. Kehl, *Videologias*, p. 127.

novela das dez horas, *Ilusões Perdidas*, foi ao ar ainda em 1965, integrando a programação fundadora da Rede Globo. A partir do final dos anos 1970, a emissora suspendeu as novelas desse horário, veiculando apenas uma em 1984, *Eu Prometo*, e outra em 1991, *Araponga*. Em 2011, com *O Astro*, a emissora retomou a programação, veiculando uma novela por ano, até 2016, e o horário mudou para onze horas. Em 2018 e 2019, a emissora ocupou a faixa de horário com duas "superséries", *Os Dias Eram Assim* e *Onde Nascem os Fortes*. Em 2021, com *Verdades Secretas 2*, de autoria de Walcyr Carrasco e direção de Amora Mautner, a emissora inaugurou as novelas no formato *streaming* por meio do Globoplay.

Desde a criação do horário nobre, existiu a necessidade de distinguir uma novela da outra, de criar uma espécie de identidade para cada uma delas. Originalmente, as novelas das seis, que foram iniciadas em 1971, com *Meu Pedacinho de Chão*, eram destinadas às donas de casa, por isso traziam em seus enredos temas mais relacionados à família e ao amor. Nesse horário, também são comuns as novelas de época, principalmente as relacionadas com o tema da escravidão, como as de grande sucesso *Escrava Isaura* e *Sinhá Moça*. Muitas das novelas desse horário também são adaptadas ou inspiradas em célebres romances brasileiros, como *Senhora*, do romance homônimo de José de Alencar. Atualmente, não existe mais a figura da dona de casa, como existia nos anos 1960 e 1970. Os temas das novelas das seis foram adaptados para os novos tempos, atraindo pessoas que trabalham em períodos diferenciados ou em casa, e podem estar na frente da TV no horário do final da tarde. Temas subjacentes são o espiritismo e o esoterismo, como *Alma Gêmea* e *O Profeta*. O nome de Elizabeth Jhin vem se destacando na autoria desses temas, que escreveu *Eterna Magia*, *Escrito nas Estrelas*, *Amor, Eterno Amor* e *Além do Tempo*.

Já as novelas das sete são destinadas, desde sua criação, ao trabalhador que regressa ao lar no início da noite.

Para descontrair das exigências diárias, a emissora leva ao ar novelas com um forte núcleo cômico. A primeira, *Rosinha do Sobrado*, foi veiculada ainda em 1965, ano da fundação da emissora.

As novelas das nove, que foram iniciadas também em 1965 com *O Ébrio*, são destinadas à grande maioria da população brasileira. Independente da classe, do cargo que ocupam ou da profissão, nesse horário essas pessoas já chegaram em casa, jantaram e podem, finalmente, descansar e se informar frente à TV, uma vez que, antes da novela, a emissora leva ao ar o *Jornal Nacional*. Essas novelas abordam questões ligadas à vida e aos problemas cotidianos de grande número de famílias brasileiras. Segundo as propagandas ideológicas da emissora, é o momento ideal para "refletir" sobre a própria existência frente ao televisor.

Entre 1967 e 1983, ano de sua morte, Janete Clair foi a autora de destaque do horário das nove horas, escrevendo 22 novelas, praticamente uma por ano. Nenhum outro autor conseguiu tal façanha. Após o falecimento de Janete Clair, Gloria Perez assumiu a responsabilidade de manter o estilo brasileiro e Globo de fazer novelas. Em 1983, ela colaborou com Janete Clair em *Eu Prometo*, que serviu de estágio para que aprendesse a escrever novelas na forma e estrutura do padrão defendido pela emissora.

Mesmo sendo influenciada pelo estilo de Janete Clair, Gloria Perez desenvolveu certa identidade, explorando temas diferentes. Num grande número de suas novelas, talvez inspirada por Glória Magadan, a autora explora características culturais pouco conhecidas do público brasileiro, muitas vezes reforçando o imaginário popular do Oriente como lugar do exótico. Em *Explode Coração*, são representados elementos da cultura cigana; em *O Clone*, elementos da cultura árabe; em *Caminho das Índias*, aqueles da cultura indiana; e em *Salve Jorge*, outros tantos da cultura turca. Mais recentemente, em *A Força do Querer*, a autora privilegiou o

Brasil, destacando elementos da cultura nortista, desconhecidos do grande público. Outro tema preferido da autora, provavelmente fruto do trauma pela morte da filha, é a sobrevida após a morte, seja por meio da doação de órgãos, como em *De Corpo e Alma*, ou da reencarnação, em *América*[7].

Há, nas narrativas de Gloria Perez, certa preocupação pedagógica, pois aborda temas polêmicos, trazendo informações fidedignas, com o intuito de esclarecer o assunto para o espectador. A autora também não se furta em abordar o preconceito e, muitas vezes, a violência que acompanha tais temas. Esse é o caso do aluguel de útero por mulheres que não podem ter filhos, explorado em *Barriga de Aluguel*, da doação de órgãos e transplantes em *De Corpo e Alma*, da campanha em prol de crianças desaparecidas em *Explode Coração*, da dependência de drogas em *O Clone*, dos problemas e preconceitos enfrentados pelos deficientes visuais em *América* e pelos transgêneros em *A Força do Querer*. E, ainda, o polêmico tema do tráfico de pessoas em *Salve Jorge*. A autora também informa o público sobre distúrbios psicológicos. Em *Caminho das Índias*, Yvone era psicopata e Tarso era esquizofrênico. Os atores receberam orientação de psiquiatras e psicanalistas, para melhor interpretarem suas personagens, com o intuito de esclarecer aos espectadores os sintomas e comportamentos característicos desses distúrbios.

Não tem sido apenas Gloria Perez que assume um tom pedagógico na autoria de novelas. Manoel Carlos, também autor renomado do horário das nove horas, abordou o preconceito e intolerância em torno da anorexia e da síndrome de Down em *Páginas da Vida* e do mal de Parkinson na novela *Em Família*. Já Walcyr Carrasco, em *Amor à Vida*, abordou os limites e possibilidades de pessoas autistas.

---

7 Daniella Perez foi brutalmente assassinada pelo colega de trabalho Guilherme de Pádua, com quem contracenava um par romântico, e sua esposa Paula Nogueira Thomaz, durante as gravações da novela *De Corpo e Alma*, em 28 de dezembro de 1992.

Além da postura socioeducativa, muitas novelas assumem posicionamentos políticos, em contextos decisivos da história do país. No período da ditadura militar, o tema da política foi praticamente banido da televisão e os programas voltados ao divertimento ganharam destaque, como os Festivais de Música Popular Brasileira, na TV Record, e as novelas, da Rede Globo, campeãs de audiência. No entanto, mesmo que produzidos, autorizados a serem veiculados e assistidos apenas como diversão, tanto os festivais como as novelas se engajaram em protestos e problematizaram temas conflitantes, sobretudo políticos, que não tinham espaço nos noticiários, formando e informando a população. Nesse período, *O Bem-Amado* e *O Espião*, ambas de Dias Gomes, são bons exemplos de como as novelas desnudaram problemas que inquietavam a população brasileira. *O Bem-Amado* abordou as práticas coronelistas e autoritárias, numa clara referência aos governos militares. Já *O Espião* tratava da especulação imobiliária. As duas novelas sofreram censura, episódios foram cortados e cenas tiveram que ser adaptadas, inclusive por exigências da emissora. Para driblar o Estado repressor e a própria Globo, Dias Gomes recorreu ao artifício da metáfora para manter o posicionamento crítico e questionador, sem ser tolhido, como foi o caso da novela *Saramandaia* e de seu realismo fantástico.

Outra novela de Dias Gomes também sofreu forte censura. Em 1975, em comemoração aos dez anos, a TV Globo programou lançar a novela *A Saga de Roque Santeiro e a Incrível História da Viúva Que Foi Sem Nunca Ter Sido*. A novela já tinha dez capítulos editados e quase trinta gravados, quando, na noite de sua estreia, em 27 de agosto, foi proibida de ser exibida pela Censura do Governo Federal. Para preencher o horário, a Globo providenciou uma reprise compacta da novela *Selva de Pedra* (de 1972), enquanto Janete Clair era acionada para, às pressas, escrever uma nova trama para o horário, usando praticamente a mesma equipe da novela de Dias Gomes. A nova novela, *Pecado Capital*, estreou em novembro do mesmo ano. Em 1985, já em outro contexto político (com a eleição indireta de Tancredo Neves, primeiro presidente civil do país, após vinte anos de ditadura militar), Dias Gomes retomou o projeto da novela e *Roque Santeiro* tornou-se um dos maiores sucessos da TV brasileira.

A novela *O Rei do Gado*, de Benedito Ruy Barbosa, também abordou temas importantes e polêmicos, que não figuravam nos noticiários: defendeu um efetivo projeto de reforma agrária e denunciou as péssimas condições de trabalho dos boias-frias. Os temas assumem um peso ainda maior se for lembrado que, em abril de 1996, dois meses antes do início da novela, havia ocorrido o mundialmente denominado Massacre do Eldorado de Carajás. No interior do estado do Pará, os trabalhadores rurais sem-terra faziam uma caminhada até Belém, quando foram impedidos de continuar por mais de 150 policiais munidos de fuzis e sem identificação nas fardas. Dezenove pessoas foram assassinadas. Apenas dois comandantes da operação foram condenados e nenhuma autoridade política ou policial foi responsabilizada. O ocorrido não mereceu nenhum destaque nos telejornais, sobretudo nos da Rede Globo, que já era aliada dos grandes proprietários de terra, ocultando as reais condições de vida no campo.

Paralelamente aos tons crítico e questionador, muitas novelas, mais afinadas com a proposta política da emissora, assumiram um posicionamento mais conservador e de mantenedor da ordem. No dia 15 de setembro de 1989, foi exibido o último capítulo da novela *Que Rei Sou Eu?* Nele, após uma revolta popular que destituiu do poder a despótica rainha Valentine de Avillan, o revolucionário Bergeron Bouchet fez um discurso em prol da democracia. Ao finalizar seu discurso, ao mesmo tempo que destacava a importância do voto como verdadeira alternativa contra a tirania, Bouchet fazia o sinal de "v", com os dedos indicador e médio. Ao longo de seu discurso, o "v" era transformado, virando a mão, em duas letras "l". Esse mesmo sinal (de "v" para dois "l") era utilizado pelo então candidato à Presidência da República, Fernando Collor de Melo, em sua campanha eleitoral, numa alusão aos dois "l" de seu sobrenome. Após uma acirrada disputa (tanto no primeiro como no segundo turno, que incluiu debates televisivos promovidos pela Globo, que insistia em desmoralizar Luís Inácio Lula da Silva), Collor de Melo, representante da oligarquia latifundiária no Brasil e principal acionista da TV Gazeta de Alagoas, afiliada da Rede Globo, foi eleito o primeiro presidente pelo voto direto após a ditadura militar.

Em alguns casos, o espectador assume o papel de coautor das novelas, pois, logo nos primeiros capítulos, são feitas pesquisas de satisfação junto ao público quanto aos temas abordados e à personalidade das personagens. Desde os anos 1970, a emissora contrata institutos de pesquisa para investigar a reação da audiência. Caso a novela não esteja alcançando popularidade, os autores alteram a narrativa. Situação muito diferente ocorreu com *Um Lugar ao Sol*, novela das nove prevista para ir ao ar em outubro de 2021, substituindo a reprise de *Império*. A princípio, a novela deveria estrear em maio de 2020, no lugar de *Amor de Mãe*. Mas, por conta do avanço da pandemia do novo coronavírus no Brasil, as gravações foram interrompidas, em março de 2020, e retomadas apenas no final do mesmo ano, seguindo todos os protocolos de segurança no combate da doença. Os altos e baixos no número de casos e de mortes por Covid-19 desaceleraram as gravações e adiaram o lançamento da novela mais uma vez, agora para 2021. A novela estreou como "obra fechada", ou seja, com todos os capítulos já gravados, algo inédito na emissora, que conta com a opinião do público para garantir a audiência.

Os casos mais exemplares de mudança de roteiro, por conta da insatisfação do público, foram *Torre de Babel* e *Babilônia*. Nos primeiros capítulos de *Torre de Babel*, um homem, numa crise de fúria, assassina sua esposa por encontrá-la numa relação sexual com outros dois homens. Em outra cena, duas mulheres trocam afeto, sugerindo um casal homoafetivo. Outra personagem era um jovem dependente químico envolvido com marginais, que recorrentemente extorquia dinheiro dos parentes e amigos para sustentar o vício. Essas situações chocaram o público, ansioso em manter certa imagem de moralidade. O autor mudou o destino das personagens polêmicas para conquistar audiência: o assassino se redimiu, o casal homoafetivo e o dependente químico morreram na explosão do centro comercial Tropical Towers logo nos primeiros capítulos.

O mesmo ocorreu em *Babilônia*, que trouxe personagens principais pouco convencionais: um cafetão, uma prostituta e uma ninfomaníaca. Além disso, logo no primeiro capítulo ocorreu um longo e afetuoso beijo entre duas senhoras casadas e cenas de violência doméstica, chocando os telespectadores. Nos capítulos seguintes, a novela abordou a decadência de valores familiares e a maldade e imoralidade de várias personagens. Todas essas situações assustaram o público mais tradicional, fazendo com que os autores se rendessem às suas exigências, adaptando a narrativa e amenizando muitas situações. O casal homoafetivo apareceu em poucas cenas, a ninfomaníaca apaixonou-se por um honesto e promissor nadador, a jovem deixa de se prostituir e resolve estudar. Apenas o cafetão não foi poupado, porém transformou-se na vítima de um assassinato. A curiosidade do público em saber "quem matou", mesmo que seja uma personagem vilã, sempre faz aumentar a audiência das novelas. Apesar da não aceitação do público, *Babilônia* teve o mérito de ter abordado a questão da corrupção na política do país, revelando a influência e o poder das empreiteiras junto a cargos públicos, explicando, inclusive, o processo de lavagem de dinheiro. O tema ganharia os telejornais nos meses seguintes, revelando um grande esquema de corrupção, que envolvia vários políticos e partidos e grandes empreiteiras do país.

Os exemplos de *Torre de Babel* e *Babilônia*, assim como de *Os Gigantes*, revelam a forte dose de moralismo e de intolerância que existe na sociedade brasileira. Revelam, também, a dificuldade de se ver nas novelas aspectos da própria psique ou da vida real, como se, ao não serem veiculados, esses aspectos deixassem de existir.

A influência do senso comum e da ideologia dominante cria um problema para se avaliar a qualidade artística das novelas. Submetido como mercadoria ao público (mercado consumidor) e aos proprietários dos meios de produção, o produto final não consegue guardar a sua integridade. O resultado pode ser um meio termo entre o autor, o produtor (ou seja, a Rede Globo) e o público. Se uma das funções da obra de arte é questionar valores e modos de vida, a pressão mercadológica termina rebaixando essa força dramática das novelas.

Toda essa organização e investimento econômico e criativo em torno das novelas não são em vão. Por possuírem alto índice de audiência e cativarem o público, que se identifica com suas histórias e personagens, as novelas tornam-se o espaço ideal para a disseminação dos valores e da moral dominantes, mesmo que também possuam a potencialidade de revelar as contradições sociais.

CENAS DO PRÓXIMO CAPÍTULO

- Como é possível que, diariamente, milhares de pessoas se sentem frente à TV para acompanhar as narrativas ficcionais das novelas, acreditando que o que veem é a própria *vida da gente*?
- Essa sensação, de identificação passiva frente à TV, seria a única via possível aos espectadores?

CAPÍTULO 2

A ESPETACULARIZAÇÃO DA "VIDA DA GENTE"
(NOVELAS SOB A LUZ DA TEORIA CRÍTICA)

As irmãs Manuela e Ana convivem, desde a infância, com o irmão de criação Rodrigo. Na adolescência, Ana e Rodrigo descobrem que estão apaixonados e têm uma filha, Júlia. Devido a um trágico acidente, Ana fica em coma por cinco anos. Ao acordar, descobre que Manuela e Rodrigo estão casados e criam Júlia. Enredo simples, com pouca inovação, porém com forte destaque para problemas pessoais e cotidianos e para questões psicológicas. Por conta disso, a novela foi sucesso de audiência, tanto no Brasil como nos mais de cem países em que foi exibida, revelando a proximidade da narrativa com a vida da gente.

Desde o final do século XIX, houve um avanço das técnicas de reprodução audiovisual e da indústria da diversão, que modificaram os costumes e a relação dos homens com a arte e a cultura, tornando-as mais próximas do cotidiano. Percebendo essa potencialidade dos meios de comunicação, as classes dominantes passaram a utilizá-los para veicular suas ideologias. Mediante esse novo contexto, muitos pensadores da cultura convergiram suas preocupações para dois fenômenos de certa forma inter-relacionados: o surgimento de novas mídias e a ascensão de grupos sociais inspirados no fascismo. Em suas análises, muito longe do consenso, esses pensadores assumiram posicionamentos diversos. Enquanto alguns teceram severas críticas aos meios de comunicação, considerando-os apenas como veículos da ideologia dominante, alienantes e manipuladores da opinião pública, deixando pouco espaço para a reflexão, outros se entusiasmaram com o avanço dos meios técnicos, acreditando que havia chegado uma nova era, em que a cultura e a arte estariam acessíveis a um grande número de pessoas. Eles analisaram com otimismo a nova relação que as transformações técnico-industriais estavam produzindo entre a arte e a sociedade. Muito longe de serem otimistas ingênuos e sabendo dos enormes problemas, das guerras e dos inúmeros mortos que o avanço das técnicas havia produzido, eles também acreditavam na possibilidade de sua utilização de forma positiva[1].

Os pensadores adeptos da teoria crítica não ficaram alheios a essa discussão, mas também não chegaram a um consenso: enquanto Walter Benjamin posicionou-se de forma mais progressista e positiva, acreditando na possibilidade de os meios de comunicação de massa serem utilizados para a politização e democratização da obra de arte[2], Theodor Adorno e Max Horkheimer assumiram uma perspectiva mais negativa e crítica, identificando que o potencial estético e cognitivo das diversas mídias estaria acorrentado às formas da economia política capitalista, transformando a arte e a cultura em mercadoria[3]. Integrada à lógica de mercado,

---

1   Ver F. Rüdiger, *Comunicação e Teoria Crítica da Sociedade*.
2   Ver A Obra de Arte na Época da Sua Reprodutibilidade Técnica, *Magia e Técnica, Arte e Política*.
3   Ver A Indústria Cultural, *Dialética do Esclarecimento*.

a cultura passa a ter seu valor de uso subordinado ao seu valor de troca, reproduzindo unicamente tal dominação[4].

O termo "teoria crítica" foi utilizado pela primeira vez no ensaio-manifesto *Teoria Tradicional* e *Teoria Crítica*, escrito em 1937, por Max Horkheimer. Nele, o filósofo alemão, colocando-se contrariamente à teoria tradicional, de forte cunho racionalista, buscava unir a teoria à prática, propondo incorporar ao pensamento tradicional dos filósofos (particularmente Immanuel Kant e Georg Hegel) uma reflexão sobre a realidade do presente. Essa síntese seria um dos pontos de sustentação da teoria crítica, ao lado dos pressupostos de Karl Marx (sobre o funcionamento da sociedade e a formação de classes) e da psicanálise (sobre a formação do indivíduo enquanto sujeito ativo de um corpo social). Os pressupostos da psicanálise iriam delinear a leitura dos fenômenos sociais dos mais importantes pensadores da teoria crítica – como Herbert Marcuse e Erich Fromm, marcados pela concretude histórica do nazismo e do stalinismo. A teoria crítica seria o lugar da autocrítica do esclarecimento e de desnudamento das ações de dominação social e das ordens instituídas. Ou seja, ela se propõe a oferecer um comportamento reflexivo e questionador frente aos confrontos entre a ciência e a cultura. Como método de análise, para melhor entender a sociedade, a teoria crítica utiliza a dialética, a contraposição e contradição de noções e conceitos, que levam a ideias síntese que, por sua vez, também serão confrontadas a outras. Por esse método, os pesquisadores buscam investigar analiticamente os fenômenos, relacionando-os às forças sociais que os provocam, entendendo-os como os

---

4   Nos anos 1950, após seu retorno a Frankfurt, já em outro contexto, com a vitória dos aliados sobre os regimes fascistas, Adorno manteve seu posicionamento crítico, dedicando-se cada vez mais aos estudos acerca da cultura, notadamente a música, que culminaria na formulação de sua teoria da estética, revelando uma crescente tendência em considerar com pessimismo a função da cultura.

resultados da ação de múltiplos fatores e mediações, que ajudam a estruturar tais fenômenos. As categorias contradição e totalidade possibilitaram a organização cognitiva no pensamento desses pesquisadores, como de outros que se projetaram desde então.

Esses pressupostos teóricos estão na origem do Instituto de Pesquisa Social, mais conhecido como Escola de Frankfurt, orientando as reflexões de seus integrantes (dentre eles, Max Horkheimer, Theodor Adorno, Herbert Marcuse e Erich Fromm) e de outros pensadores que, apesar de não serem formalmente do Instituto, convergiam em muitos aspectos para esses pressupostos (como Walter Benjamin e Siegfried Kracauer).

No contexto dos anos 1960, Guy Debord, mais afinado com Adorno e Horkheimer do que com Benjamin, afirmou que a indústria cultural tinha atingido tal grau de manipulação, fetichização e alienação, que se vivia o tempo da sociedade do espetáculo[5]. Nos anos 1990, ele retomou seu texto e não fez nenhuma alteração. Primeiro, porque não tinha o hábito de corrigir o que já havia publicado. Segundo, porque a teoria crítica da sociedade do espetáculo mantinha-se com total atualidade, uma vez que as condições gerais do período histórico que a originaram não tinham se modificado. Ao contrário, os acontecimentos "que se seguiram só vieram a corroborar e ilustrar a teoria do espetáculo"[6]. Afinal, o espetáculo não está desvinculado do modo de produção capitalista, é o seu projeto e resultado, constituindo-se no modelo da vida dominante na sociedade: "forma e conteúdo do espetáculo são, de modo idêntico, a justificativa total das condições e dos fins do sistema existente"[7].

5   Ver *A Sociedade do Espetáculo*.
6   Ibidem, p. 9.
7   Ibidem, p. 15.

"INDÚSTRIA CULTURAL":
A ARTE E A CULTURA TRANSFORMADA
EM MERCADORIA

Para Adorno e Horkheimer, nenhuma expressão cultural, veiculada pelos meios de comunicação de massa, poderia ser considerada arte, pois não passaria de um simples negócio, apenas com fins comerciais, tendo como único objetivo a exploração de bens culturais. Essa exploração é o que eles denominam de indústria cultural. O conceito surgiu pela primeira vez em 1947, no texto "A Indústria Cultural: O Esclarecimento Como Mistificação das Massas", que integra uma coletânea de ensaios denominada *Dialética do Esclarecimento*. Nessa obra, o objetivo dos autores é "descobrir por que a humanidade, em vez de entrar em um estado verdadeiramente humano, está se afundando em uma nova espécie de barbárie"[8], num processo de destruição do esclarecimento. A razão, concebida como processo emancipatório que levaria à autonomia e à autodeterminação, se transformou exatamente em seu contrário: uma crescente instrumentalização para dominar e reprimir o homem. Ou seja, via-se a regressão do esclarecimento tornado ideologia. O saber produzido pelo "esclarecimento" não conduziria à emancipação e sim à "ciência moderna", que mantém com seu objeto uma relação não dialógica, mas de dominação. Nesse processo, a razão tornou-se uma razão alienada, afirmam Adorno e Horkheimer, pois se desviou de seu objetivo emancipatório original, transformando-se numa razão instrumental, de controle totalitário da natureza e dos homens.

Segundo Bárbara Freitag, mencionando Jürgen Habermas, *Dialética do Esclarecimento* é um divisor de águas nas obras dos dois autores, pois, até então, eles haviam mantido certa confiança na razão crítica, que se imporia no decorrer

8   T. Adorno; M. Horkheimer, op. cit., p. 11.

do processo histórico. Acreditavam que a humanidade cumpriria com a promessa humanística, já contida na concepção de Kant, de razão libertadora. A razão, assim, se realizaria com a liberdade. *Dialética do Esclarecimento* representa uma ruptura com esse pensamento. A partir de então, para Adorno e Horkheimer, o sistema capitalista e sua reificação no mito da modernidade estariam "deturpando as consciências individuais, narcotizando a sua racionalidade e assimilando os indivíduos ao sistema estabelecido"[9].

Em 1962, por meio de conferências radiofônicas, Adorno explicou que o conceito de indústria cultural substituiria o de cultura de massas. Segundo ele, o termo "cultura de massas" era utilizado para atender os interesses dos detentores dos veículos de comunicação de massa, querendo dar a entender que se tratava da veiculação da cultura das próprias massas. Ao sugerir o termo "indústria cultural", Adorno queria esclarecer que esses veículos não apenas adaptariam seus produtos ao consumo das massas, mas também determinariam o consumo; tratar-se-ia da exploração de bens considerados culturais. Assim fazendo, a indústria cultural determina a forma como as amplas massas pensam. A indústria cultural seria, assim, um produto da sociedade capitalista e um dos seus motores, mais que sua cúmplice, exercendo o papel específico de fabricante e portadora da ideologia dominante, dando coerência e buscando homogeneizar todo o sistema. A indústria cultural, ao criar necessidades, transforma os sujeitos em consumidores, submetendo-os e impedindo a formação de indivíduos independentes e conscientes.

Interessante observar que, ao utilizar o rádio, meio de comunicação de massa contra o qual se insurgiu, Adorno demonstra, na prática, que esse mesmo meio de comunicação pode ser utilizado para conscientização e não apenas para manipulação e alienação, como previa o conceito de indústria cultural.

9   B. Freitag, *A Teoria Crítica*, p. 21.

No período em que Adorno e Horkheimer criaram esse conceito, os meios de comunicação de massa, como o rádio e o cinema, tornavam-se um poderoso instrumento, que as elites urbanas usaram para manipular as massas de trabalhadores, de desempregados e a chamada classe média, projetando, na ordem simbólica de seus imaginários, um desejo de padronização de hábitos, de consumo e de comportamentos. Todas as manifestações da indústria cultural seriam marcadas pelo lugar-comum, no sentido da banalização e vulgarização, ou seja, para Adorno e Horkheimer, a cultura contemporânea "confere a tudo um ar de semelhança"[10], homogeneizando não apenas as obras arquitetônicas, os modelos dos veículos (independentemente de suas marcas), mas também as práticas, os costumes, as expressões artísticas e culturais e, sobretudo, as subjetividades. Assim, a técnica, ao buscar a unidade e a coesão, transforma-se num instrumento para além da exploração, estando no exercício do poder e da dominação.

Nesse sentido, é difícil não reconhecer a dose de correção na análise desses pensadores, sobretudo se for observado que a sanha de lucro do capital é facilitada quando a produção e o consumo de mercadorias ocorrem em série e de forma padronizada. Sem dúvida, eles foram impactados pelas práticas dos métodos industriais fordistas que se alastravam nos EUA, Europa e Japão, produzindo, numa economia de escala, o padrão e o idêntico, não apenas da materialidade, mas também das consciências dos seres sociais.

No que concerne à homogeneização massificadora, a maior crítica é direcionada à indústria cinematográfica. Os filmes são marcados por um conteúdo *standard* independente de suas companhias produtoras. Possuem os mesmos clichês, tanto com relação ao papel das personagens como aos ritmos das músicas, às sequências das

10 T. Adorno; M. Horkheimer, op. cit., p. 110.

cenas e até mesmo dos enredos: "desde o começo do filme já se sabe como ele termina"[11]. Em função da exposição massificadora, o cinema eliminou os efeitos harmônicos e complexos (dos sons e das cores), as particularidades estéticas e o efeito psicológico da "verdadeira" obra de arte. Pela utilização frequente de clichês, a indústria cultural acabou por eliminar a ideia, que seria uma das características inerentes às obras artísticas.

A técnica que tudo padroniza, continuam Adorno e Horkheimer, transforma o filme num prolongamento estandardizado da vida sob o capitalismo. Pelo fato de o cinema reproduzir o cotidiano de forma quase perfeita, não existiria ruptura entre o filme e a vivência real. Os espectadores são levados, assim, a transformarem suas vidas num apêndice dos filmes que assistem, são "adestrados" por eles, identificando-os imediatamente com a realidade. Existe, pois, uma dialética diabólica entre a realidade representada no cinema e o efeito de realidade que os filmes produzem. Nesse processo, as consciências dos espectadores ficam subordinadas à mesmice, dificultando o surgimento de novas estruturas mentais, capazes de agirem sobre o mundo, transformando-o. Ou seja, o cinema age alienando as grandes massas da população, embotando suas consciências e disseminando, em seu lugar, falsas consciências. Por isso, com muita eficácia, inibem o desenvolvimento da consciência crítica dos indivíduos em direção à verdadeira complexidade da vida e suas contradições, tornando-os incapazes de pensar senão o que suas categorias e suas classes sociais pensam. Essa característica da indústria cultural ajuda a reproduzir uma subjetividade humana, que promove a coesão da vida social sob o capitalismo, possibilitando a continuidade de sua marcha em direção ao lucro, explorando a sede de consumo dos indivíduos que compõem o mercado.

11 Ibidem, p. 118.

A indústria cultural não só veicula, mas também determina comportamentos e pensamentos, por meio dos valores e personagens que cria. Essas personagens, dotadas de características psicológicas, acabam por se transformar em modelos a serem imitados. Ao seguir os padrões desses modelos, ao imitar essas personagens, a individualidade subjetiva/objetiva dos espectadores é substituída por uma "pseudoindividualidade":

> o ar de obstinada reserva ou a postura elegante do indivíduo exibido numa cena determinada é algo que se produz em série exatamente como as fechaduras Yale, que só por frações de milímetros se distinguem umas das outras. As particularidades do eu são mercadorias monopolizadas e socialmente condicionadas, que se fazem passar por algo de natural. Elas se reduzem ao bigode, ao sotaque francês, à voz grave da mulher de vida livre, ao *Lubitsch touch* (a marca de Lubitsch): são como impressões digitais em cédulas de identidade que, não fosse por elas, seriam rigorosamente iguais e nas quais a vida e a fisionomia de todos os indivíduos – da estrela do cinema ao encarcerado – se transformam, em face do poderio do universal[12].

Os processos de identificação que, originalmente, levariam o sujeito à individuação e à construção de si mesmo, com o avanço dos meios de comunicação de massa promovem o seu oposto, ou seja, uma desindividuação, levando a individualidade a uma completa autodissolução. De acordo com Adorno e Horkheimer: "a indústria cultural sequestra até os últimos impulsos íntimos dos consumidores compulsórios [...]. As massas, privadas até da aparência de uma personalidade, se conformam mais docilmente aos modelos e às palavras de ordem que as pulsões à censura interna"[13].

Na teoria psicanalítica, o termo "identificação" é utilizado para explicar o processo pelo qual a realidade é copiada

12 Ibidem, p. 145.
13 Ibidem, p. 181-182.

53

pelo sujeito, que tende a assimilar-se a seu objeto. Ou seja, o indivíduo atribui, a um objeto externo, qualidades de perfeição que o próprio sujeito não se sente capaz de alcançar, por isso esse fenômeno é denominado de "idealização". A indústria cultural exacerbou esse processo, uma vez que os sujeitos encontram, nas várias personagens veiculadas pelo cinema e, mais recentemente, pela TV, todos os atributos positivos que ambicionam ter e que lhe são negados pela realidade. Nesse jogo de espelhos, em que o sujeito e o sujeito-imagem, a realidade e o reflexo se confundem, há uma interação orientada entre os indivíduos, cada vez mais destituídos de sua personalidade, e as personagens construídas e veiculadas pela indústria cultural[14].

Destituídos de sua individualidade e identidade, os espectadores são reduzidos a meros consumidores, controlados pela diversão oferecida amplamente pela indústria cultural. Diversão que é, em geral, fútil e ilusória, não enriquecendo o patrimônio existencial dos indivíduos, mas enriquecendo e fortalecendo, em contrapartida, os proprietários dos meios de produção.

Outra importante questão abordada por Adorno e Horkheimer é a transformação da cultura em mercadoria:

> O que se poderia chamar de valor de uso na recepção dos bens culturais é substituído pelo valor de troca, ao invés do prazer, o que se busca é assistir e estar informado, o que se quer é conquistar prestígio e não se tornar um conhecedor. O consumidor torna-se a ideologia da indústria da diversão, de cujas instituições não consegue escapar. [...] Tudo só tem valor na medida em que se pode trocá-lo, não na medida em que é algo em si mesmo. O valor de uso da arte, seu ser, é considerado como um fetiche, e o fetiche, a avaliação social que é erroneamente entendida como hierarquia das obras de arte – torna-se seu único valor de uso, a única qualidade que elas desfrutam. É assim que o caráter mercantil da arte se desfaz ao se realizar

14   Ver S.P. Rouanet, *Teoria Crítica e Psicanálise*.

completamente. Ela é um gênero de mercadorias, preparadas, computadas, assimiladas à produção industrial, compráveis e fungíveis, mas a arte como um gênero de mercadorias, que vivia de ser vendida e, no entanto, de ser invendível, torna-se algo hipocritamente invendível, tão logo o negócio deixa de ser meramente sua intenção e passa a ser seu único princípio.[15]

Todos os sentidos do homem são apropriados pelo capital através de suas mercadorias culturais, favorecendo a resignação e prometendo a felicidade. Através de seus fetiches diabólicos, as mercadorias culturais dominam o espaço do lazer de grandes parcelas da população, transformando o cotidiano infernal das massas numa fuga ilusória em direção a um paraíso ainda mais ilusório. Elas vivem, de fato, uma repetição do vazio existencial destituído de verdadeiras emoções ou, numa palavra, a coisificação.

A indústria cultural é a transformação da arte e da cultura em mercadoria, convertendo-as em veículos de publicidade e ideologia. É o avanço dos interesses empresariais e das relações mercantis na cultura. A transformação da cultura em mercadoria é resultado de um processo histórico, no qual as produções artísticas transformaram-se num campo de acúmulo de capital. Por esse processo, tanto o público burguês como as massas urbanas transformaram-se em mercados das empresas de comunicação. Nesse sentido, a preocupação central de Adorno e Horkheimer não é apenas com o avanço das técnicas de comunicação, mas também com o fetichismo da mercadoria.

Ser uma mercadoria é a principal característica das "criações" da indústria cultural, explicam Adorno e Horkheimer, pois é a forma como as produções artísticas e culturais são organizadas e postas no mercado para serem consumidas. Numa sociedade em que todas as relações são mediadas pela mercadoria, os produtos artísticos e culturais se realizam antes

15 T. Adorno; M. Horkheimer, op. cit., p. 148.

pelos seus valores de troca do que por seus valores estéticos, filosóficos ou literários. Existe, assim, inevitavelmente, uma dimensão anticultural nessa indústria, tornada ideal para que o capital perpetue seus valores e sua dominação. Fica claro, nesse ponto, uma sorte de "dívida científica" dos pensadores, tanto com Georg Hegel como com Karl Marx, que eles pretendem atualizar, desenvolvendo suas teorias.

Para Francisco Rüdiger, as afirmações de grande número de críticos da indústria cultural, ao afirmarem que Adorno valorizava sobremaneira a cultura erudita em detrimento da popular, é inválida[16]. Segundo o autor, Adorno reconheceu, em vários textos, que as expressões e manifestações da cultura erudita também poderiam se transformar em indústria cultural. As obras de arte sofisticadas e consideradas cultas também poderiam ser uma forma de ideologia, poderiam apresentar o caráter fetichista da mercadoria. Tanto as expressões artísticas da cultura erudita como da cultura popular poderiam carregar os estigmas do capitalismo. O foco de interesse dos "frankfurtianos" era a crítica à cultura em todas as suas formas de expressão. De acordo com a hipótese adorniana, as pessoas se deixam prender às relações culturais da indústria para escapar da frieza da sociedade neoliberal, utilizando-se dos meios técnicos que essa mesma sociedade coloca à sua disposição. As pessoas se submetem ao fetichismo da mercadoria cultural tecnológica porque elas próprias, por meio de sua práxis, se ajustaram às condições de vida do capitalismo. O desenvolvimento da indústria cultural está ligado ao processo de racionalização e reificação, que torna os indivíduos cada vez menos capazes de pensamento independente. Os indivíduos, assim, apresentam uma ambivalência frente a ela: ao mesmo tempo que colocam suas práticas sob suspeita, as demandam. Assim, Adorno desprezou a possibilidade de a indústria cultural

16   Ver F. Rüdiger, op. cit.

estimular um comportamento emancipatório. O fenômeno só é considerado em sua forma negativa, uma regressão.

Enquanto produtora de mercadoria, a indústria cultural produz e reproduz em massa uma pseudoarte, orientada para consumidores massificados. Sendo reproduzida, a arte é desvirtuada e banalizada, perdendo seu caráter crítico e pedagógico e seu aspecto especial. Legitimando e veiculando a ideologia dominante, ela se transforma na própria ideologia. A indústria cultural é a forma como as produções artísticas e culturais são organizadas no contexto capitalista, ou seja, produzidas e postas no mercado para serem consumidas. Nesse processo, a indústria cultural se transforma numa indústria do prazer supérfluo, planejando uma pseudodiversão coletiva, mas não em função dos espectadores/consumidores e sim sob os critérios de seus proprietários. O lazer se transforma na continuidade da vida alienada, dissolvendo os limites entre a realidade, a ilusão de realidade e a pura ficção. Enquanto nova produção cultural, a indústria cultural surge com um objetivo específico, de ocupar o tempo e o espaço de lazer e de diversão do trabalhador e da massa da população, para reproduzir lucrativamente seus capitais, adquirindo uma contrapartida não menos importante: ampliar a hegemonia do capital sobre o trabalho. Nesses espaços, contrariamente, o trabalhador busca recompor suas energias através da evasão, da emoção, da reflexão para enfrentar mais uma semana de trabalho. Porém, de fato, a "substância" que absorvem não lhes devolve, senão ilusoriamente, suas energias, uma vez que não podem revelar as fraturas sociais, desde suas origens e suas causas. De forma progressiva, a indústria cultural difunde a ideologia de que a felicidade já está concretizada no presente, impulsionando as massas a consumirem o "novo" produto – o novo filme, a nova música, sem que possa lhes revelar sua alienação, uma vez que é o seu próprio prolongamento material e ideológico.

O consumo torna-se um deus *ex machina* e deixa-se dragar pelo seu fetiche. É o suposto caminho para a realização pessoal e a própria redenção social. Ao misturar os planos da realidade com os da representação, a cultura dos meios de comunicação de massa anula os mecanismos de reflexão e de posicionamento crítico frente à realidade vivida pela grande maioria da população. Dessa forma, a cultura, que deveria ser o fator de diferenciação e de negação totalizante do capitalismo, se torna mais um mecanismo de reprodução do mesmo e não o menos importante.

Apesar da importância dessas considerações, vale lembrar que Adorno e Horkheimer desprezaram completamente o fato de que somente com esse processo de transformação da arte em mercadoria é que as massas, antes excluídas da fruição da arte culta, passaram a ter acesso às produções artísticas. No entanto, a abordagem proposta por Adorno e Horkheimer, mesmo com os limites apresentados, é legítima e potente, pois aponta para uma perspectiva de análise que, principalmente com o avanço cada vez maior dos meios de comunicação de massa e com a transformação cada vez mais significativa da arte e da cultura em mercadoria, está muito longe de ser superada, por razões que serão demonstradas no corpo deste estudo.

"SOCIEDADE DO ESPETÁCULO": TEORIA CRÍTICA DA SOCIEDADE NEOLIBERAL

Vinte anos após as reflexões de Adorno e Horkheimer, Guy Debord, impactado pela enorme produção e disseminação de imagens pela indústria cultural, formulou o conceito de "sociedade do espetáculo"[17]. A partir de 221 teses, Debord

17 Durante os anos 1958 e 1969, o conceito de espetáculo foi problematizado nos doze números da revista *Internationale Situationniste*, da qual Guy Debord era editor, sem, contudo, compactuar com todas as ▶

explica como as imagens espetaculares haviam invadido não apenas o cotidiano das pessoas, mas também sua subjetividade e estariam organizando todas as suas relações sociais. O conceito de espetáculo em Debord não se refere apenas ao assédio abundante das imagens tampouco é um conjunto de imagens, mas trata-se, sobretudo, de uma "relação social entre pessoas, mediada por imagens"[18], uma vez que as imagens, em sua forma mercadoria, organizam as condições do laço social e transformam tudo o que antes era vivido diretamente em apenas uma representação.

Para Debord, o estágio espetacular se impôs a partir dos anos 1920, acentuou-se após a Segunda Guerra Mundial e estaria em processo acelerado nos anos 1960, momento em que escreveu suas teses. Em 1992, ao retomar o tema, foi obrigado a reconhecer que, em 1967, o domínio do espetáculo ainda era imperfeito e apenas a ponta do *iceberg* do que ocorria em fins do século xx. Todas as imagens veiculadas na sociedade do espetáculo, constata Debord, reforçam o isolamento das pessoas, que se tornam "multidões solitárias"[19]. Diante do isolamento e da fragilidade, o espetáculo assume o lugar de pseudossagrado num sistema de produção de sentido e de verdade.

O que dizer, então, das primeiras décadas do século xxi? Atualmente e de forma cada vez mais generalizada, a vida se apresenta por imagens espetaculares. Depois da fotografia, do cinema e da tv, com o advento da internet (as páginas pessoais do Facebook e do Instagram, o aplicativo de mensagens WhatsApp e as plataformas *streamings* são apenas exemplos), as imagens são produzidas e disseminadas em

▷ ideias do grupo. Em 1967, sua análise sobre a sociedade do espetáculo foi sistematizada nas 221 teses que compõem o livro homônimo. Em 1992, dois anos antes de sua morte, Debord reforçou suas reflexões, por meio de um prefácio à própria obra. Ver A. Jappe, *Guy Debord*.

18   G. Debord, op. cit., p. 14.
19   Ibidem, p. 23.

ritmo acelerado, substituindo, definitivamente, o vivido e a relação direta entre as pessoas.

Para Robert Kurz, a obra de Debord é uma crítica social radical[20]. Alheio e contra a corrente marxista de partido, ele se debruçou sobre o tema central da teoria de Marx, qual seja, a crítica radical ao fetichismo da mercadoria, ao seu valor de troca, que se tornou a base da sua própria crítica à sociedade do espetáculo. Para Debord, explica Kurz, a relação fetichista alcançou, no pós-Segunda Guerra Mundial, um grau de abstração muito maior do que no período analisado por Marx: uma vez que "as coisas produzidas sob a forma mercadoria foram recobertas por imagens produzidas também sob a forma mercadoria", essas imagens medeiam as relações sociais como uma "realidade aparente compensatória, que está à frente dos homens de maneira tão isolada, como força alheia, quanto as forças sociais nela inseridas"[21].

Anselm Jappe explica que há uma tendência em reduzir as teses de Debord a uma teoria sobre a mídia, com o objetivo de camuflar a pertinência e atualidade de seu real significado. Na verdade, trata-se de uma teoria ampla da sociedade capitalista, inspirada nos pressupostos de Marx (de quem Debord partilha alguns problemas e aprofunda algumas tendências analíticas) que, de forma incessante, é confirmada pelos fatos. Utilizando não apenas as reflexões de Marx, mas também as de György Lukács[22], Debord busca construir uma teoria que compreenda e combata a forma particular de fetichismo, que surgiu com o avanço dos meios de comunicação, por ele denominado de espetáculo. Assim, a teoria de Debord sobre o espetáculo se configura como uma teoria crítica da sociedade contemporânea. Para Jappe, o "espetáculo é a forma

---

20 Ver R. Kurz, Prefácio à Edição Brasileira: A Sociedade do Espetáculo Trinta Anos Depois, em A. Jappe, op. cit.

21 Ibidem, p. 7.

22 Ver *História e Consciência de Classe*.

mais desenvolvida da sociedade, baseada na produção das mercadorias e no fetichismo da mercadoria"[23]. O conceito de espetáculo é chave para se compreender o mundo atual, onde a atividade humana se opõe à própria humanidade, com a ameaça de colocá-la em extinção por meio de uma catástrofe ecológica ou de outra grande guerra.

Como afirmado anteriormente, as análises de Debord sobre as imagens espetaculares não estão restritas à própria imagem ou à sua profusão pelos meios de comunicação de massa. Elas incluem uma percepção mais ampla de como essas imagens estão diretamente associadas ao modo de produção capitalista, tornando-se verdadeiras mercadorias. Para Debord, na sociedade do espetáculo as mercadorias perdem seu valor de uso, pois ocorre uma desvinculação entre as mercadorias e as necessidades humanas. Os indivíduos passam a estabelecer uma relação quase religiosa com objetos claramente inúteis. Vale destacar que a redução de valor de uso, face à crescente dominação do valor de troca das mercadorias, é uma tendência generalizada da economia capitalista neoliberal, que termina se reproduzindo nas artes e nas imagens do espetáculo.

Enquanto mercadoria, explica Debord, o espetáculo se apresenta na forma de aparência organizada socialmente que, contudo, deve ser reconhecida como verdade: "o espetáculo é a *afirmação* da aparência e a afirmação de toda vida humana – isto é, social – como simples aparência"[24]. A forma do espetáculo, enquanto monopólio da aparência, subordina seu conteúdo. O mais importante é a aparência do valor-mercadoria. Na fase espetacular, o mundo da mercadoria acaba por dominar tudo o que é vivido, ocupando totalmente a vida social, afastando cada vez mais os sujeitos uns dos outros e de tudo o que produzem. Em meio à abundância

23 A. Jappe, op. cit., p. 15.
24 G. Debord, op. cit., p. 16.

de mercadorias, fabricadas de forma ininterrupta e gerando pseudonecessidades, exige-se dos sujeitos não apenas sua colaboração na fabricação e consumo dessas mercadorias, mas também sua participação como espectador, consumindo imagens e ilusões que se apropriam de seu lazer e de sua humanidade. O espectador participa do espetáculo, preferindo sua forma alienada de valor de uso supérfluo.

Nesse sentido, explica Debord, o espetáculo é "a afirmação onipresente da escolha já feita na produção, e o consumo que decorre dessa escolha"[25]. Ou seja, o que se vê é um triunfo dos aspectos econômicos sobre todos os outros aspectos da vida. Todas as atividades desenvolvidas, inclusive as dos momentos de lazer e prazer, são organizadas de forma a justificar e perpetuar o modo de produção vigente, pois tudo o que a sociedade pode ser e fazer tornou-se mercadoria. No estágio espetacular, ao invés de serem atendidas as reais necessidades humanas, são atendidos apenas os desejos. A economia, por meio de suas mercadorias, cria e manipula necessidades que visam apenas a manutenção de sua própria existência. O espetáculo não é a simples impossibilidade de ter contato com o mundo pelos próprios olhos, criando uma dependência dos meios de comunicação de massa tampouco é apenas a infidelidade da imagem em relação ao que representa. É, fundamentalmente, a forma-imagem enquanto mercadoria e o desenvolvimento de sua forma-valor.

Tomando por base o conceito de alienação de Marx, Debord explica que o espetáculo é o estágio supremo da abstração, transformando o pensamento e a produção: "a realidade surge no espetáculo e o espetáculo é real. Essa alienação recíproca é a essência e a base da sociedade existente"[26]. Num primeiro estágio da alienação, que corresponde à primeira fase da dominação da economia sobre a vida social, ocorreu

25   Ibidem, p. 14-15.
26   Ibidem, p. 15.

uma degradação do "ser" para o "ter". Na sociedade do espetáculo, em que a vida social está totalmente subordinada aos resultados acumulados pela economia, ocorre uma degradação ainda maior e pior, do "ter" para o "parecer": "toda realidade individual tornou-se social, diretamente dependente da força social moldada por ela", afirma Debord[27]. Na sociedade do espetáculo, o fenômeno da alienação do trabalho e da completa abstração atinge o seu auge, pois "o modo de ser concreto (no espetáculo) é justamente a abstração"[28]. Nesse processo, o mundo real se transforma numa simples imagem, tornada um ser real, uma vez que o mundo, efetivamente real, já não pode ser tocado diretamente.

> A alienação do espectador em favor do objeto contemplado (o que resulta de sua própria atividade inconsciente) se expressa assim: quanto mais ele contempla, menos vive; quanto mais aceita reconhecer-se nas imagens dominantes da necessidade, menos compreende sua própria existência e seu próprio desejo. Em relação ao homem que age, a exterioridade do espetáculo aparece no fato de seus próprios gestos já não serem seus, mas de um outro que os representa por ele. É por isso que o espectador não se sente em casa em lugar algum, pois o espetáculo está em toda parte.[29]

Ao analisar as teses de Debord, sobre a alienação espetacular, Jappe afirma que "a desvalorização da vida em proveito das abstrações hipostasiadas atinge, doravante, todos os aspectos da existência; as próprias abstrações tornadas sujeitos não se apresentam mais como coisas, mas são ainda mais abstratas, tendo-se tornado imagens. Pode-se dizer que o espetáculo incorpora todas as velhas alienações"[30].

27 Ibidem, p. 18.
28 Ibidem, p. 23.
29 Ibidem, p. 24.
30 A. Jappe, op. cit., p. 27.

Nesse processo, em que o "parecer" substitui o próprio ser, as pessoas simplesmente contemplam as imagens, que foram escolhidas por outros para se confundirem com o real vivido. Elas não têm mais acesso ao mundo pela sua experiência pessoal, mas por meio de imagens, cada vez mais manipuláveis e que exigem um consentimento passivo. O espetáculo é definido por Debord como "o recalcamento de toda verdade vivida, diante da *presença real* da falsidade"[31].

A vida vivida, enquanto experiência cotidiana, na sociedade do espetáculo torna-se fragmentada em esferas cada vez mais separadas, culminando em uma perda do aspecto unitário da sociedade. Essa fragmentação é a base da sociedade do espetáculo, obrigando os indivíduos a se encontrarem apenas na unidade do espetáculo. Em contrapartida, tudo o que falta à vida concreta pode ser encontrado em representações independentes, oferecidas pelos meios de comunicação que são o espetáculo. Personagens televisivas (o que inclui atores, celebridades e políticos) representam um conjunto de qualidades humanas e de alegria, que não pode mais ser encontrado na vida efetiva dos indivíduos, mas podem ser acessados pelo espetáculo.

Toda a atividade social é captada pelo espetáculo e utilizada para seus próprios fins. Toda a realidade é substituída por sua pseudoimagem. Nesse processo, a imagem assume o estatuto do real, sendo a causa de um comportamento pseudorreal, enquanto o próprio real torna-se imagem. Porém, essa imagem é falsa, pois, se por um lado o espetáculo é toda a sociedade, de outro, é apenas uma parte da sociedade, o instrumento com o qual essa parte domina toda a sociedade. Ou seja, o espetáculo não reflete a sociedade em sua totalidade, mas constrói e estrutura imagens segundo os interesses de uma parte da sociedade. Essa estrutura tem consequências sobre a atividade social real de todos que contemplam as

31   G. Debord, op. cit., p 140.

imagens, acreditando estar diante dos processos sociais reais. Contudo, para Debord o problema não está exatamente na imagem ou na sua representação, mas em como a sociedade necessita dessas imagens e em como se tornaram independentes, escapando do controle dos homens, uma vez que lhes falam na forma de monólogo, banindo o diálogo. Apesar de terem surgido da prática social coletiva, se comportam como seres independentes. Assim, o espetáculo assume o antigo poder da religião: quanto mais o homem reconhece o poder dos deuses que criou, mais impotente se sente. No espetáculo, como na religião, todo gesto e toda ideia são percebidos como vindos do exterior, vindos de outrem e não do próprio sujeito real e de suas relações sociais.

Com o mesmo pessimismo que Adorno havia analisado a indústria cultural nos anos 1940, para Debord não há alternativa à sociedade do espetáculo, uma vez que todos os sistemas sociopolíticos do mundo participam do reino da mercadoria e do espetáculo, perfazendo uma totalidade em escala mundial. Nesse processo, todas as contradições, sobretudo as da esfera do trabalho, são ocultadas pelo espetáculo, que promete o rápido acesso à satisfação, a eterna pseudossatisfação de necessidades eternamente insatisfeitas.

A fase atual do capitalismo é a do ultraneoliberalismo, dominado pelas oligarquias financeiras e pelo capital fictício, ou seja, o dinheiro que expressa o valor tem cada vez menos valor e lastro real. Nessa fase, a espetacularização dos processos reais atinge seu grau mais elevado de falsificação da realidade. Vive-se sob o reino da quintessência da manipulação da vida social e da história. A imagem fictícia, que reproduz a lógica do capital fictício, passa a ser o demiurgo de toda a vida social. Nem Adorno, nem Debord, por não terem experienciado o fetichismo produzido pelo capital fictício, puderam deduzir a pseudoimagem fictícia como expressão das necessidades da reprodução subjetiva e objetiva da totalidade das formações sociais e do lucro fictício, subsumindo a pseudorrealidade e seu espetáculo. No período do ultraneoliberalismo, o antigo consumidor se torna um mero receptor de pseudoimagens e um elo em sua reprodução, uma vez que não se contenta apenas em consumi-las. Mas, se o capital fictício se descola cada vez mais de um lastro real de valores reais, ele só consegue ter eficácia se se referir a um lastro real que se fluidifica progressivamente. O capital fictício só se define em função dessa relação contraditória, que pretende negar a necessidade de um lastro real e sua incapacidade de realizar definitivamente a referida negação, o que significaria por si só o colapso do sistema como um todo. A mesma relação deve ser buscada entre a coleção de pseudoimagens que estruturam as sociedades do espetáculo. Existe uma tendência real que faz com que elas se distanciem de suas capacidades de representar os processos sociais reais. Contudo, as pseudoimagens, tanto quanto todos os fenômenos superestruturais, inclusive a ideologia, procuram guardar suas referências aos processos sociais reais, como condição *sine qua non* da aquisição de receptores individuais e sociais[32].

EFEITOS DA INDÚSTRIA DA CULTURA E DAS IMAGENS ESPETACULARES SOBRE A SUBJETIVIDADE: O IMPERATIVO DO MAIS-GOZAR

Adorno e Horkheimer já haviam percebido que a verdadeira missão da indústria cultural não é dirigir-se ao espectador enquanto sujeito pensante, mas sim tratá-lo como um consumidor, direcionando seus discursos publicitários aos seus desejos. As imagens fornecidas pela tv, em seu fluxo ininterrupto, organizadas segundo a lógica da realização de

32 J. Nóvoa; P. Balanco, O Estágio Último do Capital, *Caderno CRH*, n. 67, v. 26, p. 87-104.; e S.B. Fressato; J. Nóvoa, La Fin du monde-marchandise, *Revista Illusio*, v. 16-17, p. 150-178.

desejos, dispensam as pessoas de pensarem, pelo menos enquanto estão na posição de espectadoras. Haveria, assim, uma confusão entre os objetos de consumo e os objetos de desejo, desarticulando os sujeitos da dimensão simbólica de seus próprios desejos. O indivíduo, destituído de uma identidade e de suas referências simbólicas e considerado apenas um consumidor, é transformado em objeto da indústria, produzindo os bens com os quais ele mesmo deve se satisfazer. Todo esse processo afastaria os indivíduos de sua própria subjetividade. Debord reforçou essa análise, acrescentando que além de mediar toda a experiência e de afastar as pessoas de sua subjetividade, o espetáculo coloca as pessoas à sua mercê. Para o pensador, as imagens espetaculares, que são oferecidas ao espectador como representação de suas necessidades, criam, na verdade, necessidades artificiais, afastando os indivíduos da possibilidade de compreender sua própria existência e de realizar seus desejos autênticos.

Com base nas teorias de Adorno e Horkheimer e de Guy Debord, Maria Rita Kehl, em *Videologias*, defende a ideia de que, na sociedade neoliberal, o espetáculo tornou-se um meio de subjetivação, pois os efeitos da expansão da indústria sobre os bens culturais culminam num efeito, também, sobre a subjetividade. Na sociedade do espetáculo, muito mais do que na sociedade da indústria cultural, existe uma relação cada vez maior entre a produção desenfreada de imagens pela indústria da cultura e o inconsciente das massas. O inconsciente recalcado, enquanto parte da relação social estabelecida entre as pessoas e o espetáculo, é incluído na mediação das imagens, que se tornam uma resposta ao enigma do inconsciente pela via da produção de sentido e de identificações. Assim, afirma Kehl, "o movimento errático do desejo cede lugar ao gozo promovido pelo encontro com a imagem que encobre a falta de objeto"[33]. Na socie-

33 M.R. Kehl, *O Tempo e o Cão*, p. 93.

dade do espetáculo, o indivíduo perde "suas referências simbólicas" e é reduzido a uma "massa indiferenciada de pessoas" ficando "à mercê das imagens que o representam a si mesmo. [...] quanto mais o indivíduo é convocado a responder como consumidor e espectador, mais perde o norte de suas produções subjetivas singulares, mais a indústria lhe devolve uma subjetividade reificada, produzida em série, espetacularizada"[34]. Todo esse processo só é possível porque, na sociedade do espetáculo, os meios de comunicação de massa, por meio de técnicas de sondagem, descobrem e se apropriam de "motivações inconscientes" do público consumidor que, se até então eram representações recalcadas, deixam de ser inconscientes e passam a constituir a realidade social, por meio de mensagens publicitárias, do *merchandising* e, poderíamos acrescentar, das novelas.

Se a sociedade da produção industrial estimulava o recalcamento do desejo e a interdição do excesso, na sociedade do espetáculo há uma intensificação das possibilidades de realização dos desejos. Os indivíduos, tornados meros consumidores ou apenas objetos receptores, e valendo muito pouco pela sua força de trabalho, passaram a ser regidos pelo direito ao prazer, pelo imperativo do gozo imediato. Como diz Kehl, "é o gozo que o supereu, reproduzindo os discursos dominantes e os valores em circulação, exige dos sujeitos"[35]. Na sociedade atual, as imagens espetaculares evocam representações do desejo inconsciente, dispensando o consumidor/receptor/espectador da responsabilidade pela dimensão singular do inconsciente. O desejo tornou-se social. Todos desejam as mesmas coisas, ou o que são convidados a desejar. Convite que cada vez mais apresenta-se como uma imposição, pois o consumidor/receptor/espectador não tem a opção da recusa.

34 E. Bucci; M.R. Kehl, *Videologias*, p. 49-53.
35 Ibidem, p. 74.

De forma similar pensam Dardot e Laval, ao refletirem sobre o sujeito na sociedade neoliberal, identificando uma mudança significativa em sua subjetividade. O novo sujeito ou o neossujeito, como eles preferem designar, não é mais marcado pelo circuito produção/poupança/consumo, decisivo do período de consolidação do capitalismo, mas pelo desempenho ao gozo, cujo princípio é o excesso e a autossuperação: "Não se trata mais de fazer o que se sabe fazer e consumir o que é necessário, numa espécie de equilíbrio entre desutilidade e utilidade. Exige-se do novo sujeito que produza 'sempre mais' e goze 'sempre mais' e, desse modo, conecte-se diretamente com um 'mais-de-gozar' que se tornou sistêmico."[36] Mencionando os estudos de Gilles Deleuze e Félix Guattari, em *O Anti-Édipo*, Dardot e Laval explicam que a atual fase do capitalismo, o neoliberalismo, só pode funcionar com doses e descargas cada vez maiores de energia libidinal, que ultrapassam os quadros sociais e políticos e são incorporadas à lógica produtiva do capital. Nesse sentido, todos os aspectos da vida são cooptados e tornam-se objetos dos dispositivos do desempenho e do gozo.

Esse imperativo do gozo, explica Rouanet, já havia sido diagnosticado por Adorno e Horkheimer nos anos 1940[37]. Ao formularem o conceito de indústria cultural, eles defendiam a ideia de que os avanços dos meios de comunicação de massa proporcionaram uma liberação do isso (fonte do prazer), que não seria mais controlado nem pelo eu, nem pelo supereu, porque haviam perdido seus poderes de representação. Diante da ausência das instâncias reguladoras (do eu e do supereu), o isso passa a ser censurado diretamente pelo social. Contudo, para o capitalismo não há impulso proibido, uma vez que todos podem se tornar funcionais para o sistema que os modela em proveito próprio. Nesse

36 P. Dardot; C. Laval, *A Nova Razão do Mundo*, p. 355.
37 Ver S.P. Rouanet, op. cit.

processo, a indústria cultural é capaz de tudo prometer, sem nada cumprir, inibindo e mesmo bloqueando a crítica emancipatória, que poderia levar a uma reflexão sobre o fracasso necessário do desejo para largas camadas da população.

Na sociedade do espetáculo, a TV tornou-se o principal meio da indústria cultural. Ícone da produção e divulgação de imagens, ela está presente em mais de 96% dos domicílios brasileiros, com uma programação de 24 horas diárias, durante sete dias na semana, fazendo a ponte entre a individualidade privada e o espaço público. Mas não apenas isso. Os programas televisivos passam por uma transformação da produção de identificação à identidade, ou seja, a televisão não oferece apenas modelos a imitar, não oferece apenas imagens a contemplar, mas assume o papel de espelho espetacular, onde acreditamos estar sendo refletida a nossa própria imagem. Existe, assim, a impressão coletiva de uma sociedade na qual todos comungam dos mesmos problemas e das mesmas esperanças, criando uma identidade coletiva fictícia.

Para Kehl, essa onipresença da TV, enquanto emissora de imagens, faz com que ela assuma o lugar imaginário do Outro lacaniano[38]. Ao oferecer imagens que levam à

38 Para Lacan, a imagem é a forma mais primitiva de identificação, colocando cada indivíduo na dependência absoluta do olhar do Outro. Em 1936, Lacan cunhou a expressão "estádio do espelho" para designar o momento psíquico em que a criança (no primeiro ano de vida) antecipa o domínio de sua unidade corporal, através de uma identificação com a imagem de seu semelhante e da percepção de sua própria imagem num espelho. Esse conceito está associado à forma como Lacan pensava a constituição do eu no indivíduo. De acordo com a teoria lacaniana, o eu se estrutura em etapas, a partir da função de imagens arcaicas retiradas do Outro ou de identificações projetivas. Já o termo "Outro" ou "grande Outro" surgiu em 1949, quando Lacan defendeu que o sujeito é determinado simbolicamente pelo lugar que ocupa no desejo do Outro. Nos anos 1950 e 1960, o conceito recebeu nova reformulação, a partir da linguística saussuriana, quando Lacan estabeleceu definitivamente o vínculo entre o desejo, o sujeito e a questão do Outro. Ver verbete "Outro", em E. Roudinesco; M. Plon, *Dicionário de Psicanálise*, p. 558-560.

identificação e enunciados que indicam o desejo do Outro, a TV influencia a construção da própria identidade. Nesse processo, os sujeitos são transformados em mera plateia, numa multidão de consumidores da subjetividade espetacularizada de atores, cantores, jogadores de futebol e, não raro, de alguns políticos, escolhidos pela indústria da cultura para serem modelos e servirem de referência na formação da subjetividade das grandes massas. Todos eles são transformados na possibilidade do mais-gozar sem limites e em objetos virtuais do gozo coletivo. Os sujeitos, empobrecidos em sua própria subjetividade, dedicam-se a cultuar a imagem de outras pessoas, destacadas pelos meios de comunicação como representantes de dimensões da humanidade que o homem comum já não reconhece em si mesmo. O que se perde com o consumo dessas imagens espetacularizadas, como bem afirma Kehl, é exatamente "a dimensão humana e singular do que pode vir a ser uma pessoa, a partir do singelo ponto de vista de sua história de vida"[39]. Na posição de espectador, os sujeitos se alienam até da dimensão de sua própria subjetividade, uma vez que a imagem, que escapa ao seu controle, "sustenta a ilusão de representar uma verdade a respeito de seu próprio ser"[40].

Ao analisar as imagens espetaculares dos atores de novelas na forma de personagens, identifica-se essa perda de subjetividade por parte dos espectadores, uma vez que elas não se oferecem apenas como promessa, mas como ato consumado e autorização de gozo. As narrativas das novelas são elaboradas tomando como base não apenas as ideias, atitudes e valores dos sujeitos, mas, sobretudo, seus sonhos. O sonho, dimensão mais íntima do desejo, passa a ser, também, controlado e formatado pela indústria do espetáculo, que se apropria até mesmo do inconsciente dos espectadores.

39 E. Bucci; M.R. Kehl, op. cit., p. 67.
40 Ibidem, p. 82.

Nesse sentido, a relação entre sujeitos e personagens das novelas é mais complexo que um processo de identificação. Os sujeitos "sentem-se na pele da própria personagem", todo o gozo alcançado por ela é o próprio gozo do sujeito.

A CRÍTICA DIALÉTICA DA ARTE E DA CULTURA DE BENJAMIM E KRACAUER

Sem dúvida, as novelas são verdadeiros exemplares da indústria cultural e imagens espetaculares da sociedade neoliberal produzidas para serem consumidas por espectadores/consumidores/receptores cada vez mais destituídos de sua individuação e essência subjetiva. No entanto, verificamos que há novelas com narrativas contraditórias, muitas vezes denunciando aspectos da realidade social, contribuindo para a formação de um pensamento mais lúcido e crítico. Essa possível contradição da indústria cultural foi apontada por Walter Benjamin e Siegfried Kracauer que, apesar de não serem exatamente representantes da Escola de Frankfurt, dialogaram intensamente com alguns de seus integrantes, notadamente com Adorno.

Benjamin analisou as manifestações culturais na época do capitalismo, não apenas a partir da perspectiva fatalista de manipulação, mas sobretudo como um instrumento de conscientização social e crítica, pois teria um potencial para a educação das grandes massas. Em "A Obra de Arte na Época de Sua Reprodutibilidade Técnica", Benjamin tem por objetivo esboçar um histórico da obra de arte e de sua relação com o produtor e o consumidor, enfim, com a sociedade. Logo no início de seu texto, observa que os conceitos tradicionais estéticos (como criatividade e gênio, validade eterna e estilo, forma e conteúdo) haviam sido apropriados pelo fascismo. Para que isso não tornasse a acontecer, ele sugere novos conceitos para além da estética, que não poderiam ser apropriados pelo fato de serem conceitos políticos. Em seguida, citando os exemplos da xilogravura e da litografia, observa que a obra de arte sempre foi reprodutível, mas que, somente com o avanço e a incorporação dos meios técnicos, a reprodução se tornou arte.

Benjamin se preocupou em pontuar e explicar diversos fenômenos associados à reprodutibilidade técnica da arte, destacando o papel da fotografia e do cinema. O ponto fundamental é a "desauratização da obra de arte" ou a "perda da aura". Desde o paleolítico, com as pinturas rupestres, a arte possuía um "valor de culto". As obras artísticas eram produzidas e conservadas secretas e suas importâncias estavam no fato de existirem e não de serem vistas. Secretas, vistas somente pelos "espíritos", elas possuíam uma função ritualística, ligada à magia e ao religioso, mesmo nos casos de obras secularizadas:

> A produção artística começa com imagens a serviço da magia. O que importa, nessas imagens, é que elas existem, e não que sejam vistas. O alce, copiado pelo homem paleolítico nas paredes de sua caverna, é um instrumento de magia, só ocasionalmente exposto aos olhos dos outros homens: no máximo ele deve ser visto pelos espíritos. O valor de culto, como tal, quase obriga a manter secretas as obras de arte.[41]

O valor de culto e a função ritualística conferiam à arte uma autenticidade e uma aura. A arte seria, assim, "uma figura singular, composta de elementos espaciais e temporais: a aparição única de uma coisa, distante por mais perto que ela esteja"[42]. Unicidade e distância seriam as características fundamentais da arte. Com o desenvolvimento das tecnologias de produção em série, essa situação modificou-se radicalmente. A obra de arte deixou de ser reservada,

41 W. Benjamin, op. cit., p. 173.
42 Ibidem, p. 170.

exposta apenas para alguns eleitos, podendo ser vista e admirada por muitas pessoas, adquirindo um "valor de exposição". Alterando-se o seu valor (de culto para o de exposição), alterou-se também a sua função: a obra de arte separou-se do ritual e da magia e passou a ter outra função social – além da artística, a política. Por fim, e mais importante, os meios técnicos permitiram e determinaram a desauratização da obra de arte. Sendo reproduzida tecnicamente, ela perdeu as características de unicidade e distância que conferiam sua aura. As cópias tornam-se cada vez mais comuns, proporcionando uma aproximação maior entre a arte e os consumidores. Para Benjamin, esse processo (mesmo com a perda da aura) é positivo, porque permite uma democratização do consumo e do desfrute da obra de arte, que passaria a ser usufruída por um número bem maior de pessoas, quiçá por toda a sociedade e, fundamentalmente, poderia ser utilizada como instrumento de politização das grandes massas da população:

> O conceito de aura permite resumir essas características: o que se atrofia na era da reprodutibilidade técnica da obra de arte é sua aura. Esse processo é sintomático, e sua significação vai muito além da esfera da arte. *Generalizando, podemos dizer que a técnica da reprodução destaca do domínio da tradição o objeto reproduzido.* Na medida em que ela multiplica a reprodução, substitui a existência única da obra por uma existência serial. E, na medida em que essa técnica permite à reprodução vir ao encontro do espectador, em todas as situações, ela atualiza o objeto reproduzido. Esses dois processos resultam num violento abalo da tradição, que constitui o reverso da crise atual e a renovação da humanidade. Eles se relacionam intimamente com os movimentos de massa, em nossos dias.[43]

Apesar de analisar a reprodução da arte de forma positiva, Benjamin também aponta, de forma muito lúcida, que

43 Ibidem, p. 168-169.

esse mesmo processo pode ser utilizado para manipular a população, consolidando a ordem existente. Numa parte de seu texto, intitulada "Exposição Perante a Massa", Benjamin, sem citar os nomes de Hitler[44] ou Mussolini, reflete sobre como as técnicas de reprodução permitem aos políticos serem ouvidos e vistos por várias pessoas, disseminando suas ideias e posições, influenciando modos de pensar e agir: "O rádio e o cinema não modificam apenas a função do intérprete profissional, mas também a função de quem se representa a si mesmo diante desses dois veículos de comunicação, como é o caso do político. [...] Esse fenômeno determina um novo processo de seleção, uma seleção diante do aparelho, do qual emergem, como vencedores, o campeão, o astro e o ditador."[45]

Benjamin vislumbrou que o cinema (e podemos transferir suas reflexões para as novelas) poderia possuir uma dupla função: representando e consolidando a ordem existente e, ao mesmo tempo, produzindo crítica, denunciando imperfeições e contradições dessa mesma ordem existente. Contudo, essa dupla função nem sempre ocorre de modo elaborado e consciente pelos autores das novelas. Por estarem inseridos

---

44 Vale destacar que Hitler soube utilizar, e muito bem, tanto o rádio como o cinema na divulgação de uma imagem forte, carismática e positiva de si mesmo. O filme de Leni Riefenstahl, *O Triunfo da Vontade*, encomendado por Hitler, é um documentário impressionante que retrata o 4º Congresso do Partido Nacional Socialista Alemão (NSDAP), ocorrido entre 4 e 10 de setembro de 1934, em Nuremberg, Alemanha. Nessa produção, com um excelente domínio da técnica cinematográfica e inovando em muitos aspectos, Leni transforma o Führer num enviado dos céus, no iluminado, num messias libertador do povo alemão, que tudo faria por ele e pela nação. São imagens que, somadas aos discursos teatrais de Hitler, empolgam e contagiam o espectador, as massas alemãs. Capturando a religiosidade, a necessidade de crer dos homens, tal filme se torna um exemplo de como o cinema pode ser utilizado para disseminar a ideologia de uma fração dominante do capital, que se expressa através de Hitler.

45 Ibidem, p. 183.

num determinado contexto histórico e social, os elementos de crítica irrompem, muitas vezes, como atos falhos. Ou mesmo há a dificuldade consciente de um autor manter um discurso coerente sobre um determinado fenômeno ou problema-tema. Como pessoas do seu tempo, os autores não são imunes às contradições de suas formações sociais. Eis por que a abordagem de Benjamin adquire total pertinência também na atualidade.

A crítica benjaminiana percebeu que a cultura pode ser utilizada para legitimar e divulgar a ideologia das classes dominantes, seus valores e sua política, mas também para se contrapor a essa ideologia. Pensava que os artistas e pensadores deveriam usar os novos meios de produção artística para desnudar o mundo que os condicionava. Esse desnudamento permitiria explicar aspectos da vida social e da própria arte, revolucionando-os e transformando-os, ao menos em alguma medida. Benjamin não apenas reconhecia o valor das obras artísticas passadas como também as venerava. Porém, pensava que aceitar como arte apenas expressões que conservariam sua aura abria o flanco à barbárie social e artística. Ele defendia que um esforço crítico e político deveria levar os artistas a organizarem suas criações, atendendo às finalidades humanas e anticapitalistas. A partir do exemplo da Alemanha, reconheceu que, se o nazismo soube estetizar a política, os "novos" artistas poderiam e deveriam politizar a arte, criticando a vida mercantil e a alienação a que todos estavam e ainda estão submetidos.

Siegfried Kracauer, amigo de Walter Benjamin, foi uma figura marcante da esquerda intelectual na Alemanha de Weimar e muito próximo do círculo de intelectuais da Escola de Frankfurt. Estudou Friedrich Nietzsche, Immanuel Kant e Thomas Mann e frequentou os seminários de Georg Simmel em Berlim. No final de 1918, conheceu Adorno, então com quinze anos (Kracauer já tinha 29), tornando-se seu interlocutor e orientador de suas leituras. Eles se reuniam semanalmente na residência de Kracauer para discutir questões filosóficas e sociológicas. Nos anos 1930, rompeu com a visão religiosa judaica e iniciou seu processo de radicalização política. São desse período as leituras de Max Weber, Karl Marx e, sobretudo, de György Lukács. Seria na leitura da obra lukácsiana *Teoria do Romance*, que Kracauer encontraria maior inspiração para escrever o seu tratado filosófico *Romance Policial*, obra pioneira sobre o gênero, lançando as bases de sua crítica à cultura de massas e à indústria do entretenimento. Com a ascensão de Hitler na Alemanha, em 1933, e seguindo o exemplo de muitos outros intelectuais, Kracauer buscou asilo primeiramente em Paris e depois, em 1941, nos Estados Unidos, onde permaneceria até sua morte, em 1966. Foi nesse período que escreveu seus trabalhos teóricos mais significativos, como *De Caligari a Hitler: Uma História Psicológica do Cinema Alemão*, publicada pela primeira vez em 1947, e *Theory of Film: The Redemption of Physical Reality* (Teoria do Cinema: A Redenção da Realidade Física), de 1961.

Com *De Caligari a Hitler*, Kracauer se transformou, se não no pioneiro, em um dos primeiros a teorizar as inter-relações entre os processos sociais e o cinema, entre a sociologia e a estética, tornando-se num dos pilares das teorias do cinema. Trata-se de uma obra fundamental que abre uma linha, até então inédita, entre a estética cinematográfica e os estados psicológicos de uma sociedade, constituindo um texto fundamental da sociologia e da psicanálise da sociedade alemã da primeira metade do século xx. Entretanto, seu alcance transcende o tempo e o espaço, aos quais Kracauer se refere.

Considerando diversos filmes alemães, produzidos entre 1895 e 1933, Kracauer tem por objetivo analisar as tendências psicológicas e os dispositivos coletivos predominantes na Alemanha, no período de 1918 a 1933, que levaram

Hitler ao poder. Uma vez que as explicações sociais, econômicas e políticas eram insuficientes para compreender o fenômeno, a proposta de Kracauer é analisar a persistência de alguns temas que permeavam esses filmes, que revelariam "as projeções externas de desejos internos"[46]. Ou seja, a recorrência de algumas situações nos filmes, como a aceitação da violência e do assédio moral, revela uma tendência do povo alemão, construída em sua formação histórica, em aceitar e compactuar com práticas autoritárias.

Para Kracauer, os filmes são os melhores laboratórios para compreender o psicológico de um povo. Primeiramente, porque são obras coletivas e não produto de apenas um indivíduo, de forma que todas as pessoas envolvidas no projeto cinematográfico (desde os roteiristas, produtores, diretores, atores e até os câmeras e responsáveis pelo cenário e figurino) acabam por interferir no resultado final. Segundo, porque os filmes estão direcionados às multidões anônimas, para "satisfazerem os desejos das massas". Se interferem e determinam os comportamentos do grande público e se este muitas vezes é levado a aceitar a publicidade avassaladora dessas imagens, por outro lado, os filmes precisam considerar o gosto e as necessidades do grande público para obter um mínimo de acesso às salas de cinema. Dessa forma, defende Kracauer, mesmo os filmes mais "americanizados" e industrializados, aparentemente distantes do cotidiano, são expressões verdadeiras de seu tempo, "os filmes de uma nação refletem a mentalidade desta, de uma maneira mais direta do que qualquer outro meio artístico"[47].

Os filmes, para Kracauer, não representam nem expressam apenas as situações mais explícitas, mas, fundamentalmente, os dispositivos psicológicos e inconscientes da mentalidade coletiva. Nenhuma outra obra artística é tão

46 *De Caligari a Hitler*, p. 20.
47 Ibidem, p. 17.

capaz de fornecer informações valiosas e importantes sobre questões socioculturais quanto o cinema, pois, devido aos seus recursos especiais (tomadas, cortes, montagem etc.), é capaz de esquadrinhar todo o visível, permitindo refletir também sobre o invisível.

Essas considerações de Kracauer sobre os filmes podem ser estendidas às novelas. Como os filmes, as novelas também são produções coletivas, apesar do destaque de seus autores, direcionadas a um grande público, estabelecendo com ele uma relação contraditória, que oscila da manipulação ao esclarecimento. Analisando as novelas, como Kracauer fez com os filmes, é possível capturar aspectos psicológicos coletivos que predispõem a população brasileira a certos comportamentos sociais, como será analisado no capítulo 5.

Benjamin e Kracauer apontam para a possibilidade de uma relação dialética entre a indústria da cultura, seu correlato, as imagens espetaculares, e os fenômenos da ideologia e da alienação. Vislumbram que uma mesma produção cultural (o que inclui as novelas) é pautada pela contradição, de um lado divulgando e legitimando a ordem dominante, sendo um verdadeiro exemplar da indústria cultural e da sociedade do espetáculo, mas também, de outro, revelando, e até mesmo denunciando, os conflitos e as contradições sociais do mundo que lhe condicionou. É impossível, por conseguinte, à mais maquiavélica forma de alienação do ser subjetivo poder contornar as contradições de uma totalidade social.

CENAS DO PRÓXIMO CAPÍTULO

- Existe algo mais importante do que o amor?
- O que as pessoas são capazes de fazer pelo sentimento amoroso?
- Como as relações amorosas surgem no *jogo da vida* das novelas?

CAPÍTULO 3

NO "JOGO DA VIDA", O AMOR É UMA DÁDIVA
(IMAGENS ESPETACULARES DO SENTIMENTO AMOROSO)

Vieira amava Jordana, que amava Silas, que amava Carla, que amava somente a si mesma. Em meio a muitos desencontros, Lívia e Jerônimo, Celinho e Cacilda, Rosana e Oswaldo, foram presenteados com o amor mútuo, superando várias adversidades. Apesar de a novela não ter como trama central um relacionamento amoroso, nem ter finalizado com o clássico beijo entre o par romântico, destacou a importância do amor para vencer no jogo da vida e divulgou a ideia de que somente as pessoas merecedoras são presenteadas com o sentimento.

Novelas e histórias de amor são praticamente sinônimas. Na verdade, amor é um ingrediente fundamental de qualquer novela. Independentemente de seu horário ou emissora, não existe uma novela que não tenha levado ao ar pelo menos uma bela história de amor, na grande maioria das vezes, várias delas. Essas histórias comovem e encantam o público, fazem acreditar que, com e pelo amor, ainda é válido viver, apesar de todos os problemas e dificuldades.

Há personagens que matam e morrem por um grande amor. Outros que amam em silêncio por toda uma vida, sendo reconhecidos e recompensados por terem amado tanto. Outros, ainda, são capazes das maiores vilanias pela conquista do amor. De todas as formas e jeitos, o amor é sempre buscado e justifica todas as ações.

O tema do amor já é evocado nos títulos das novelas, predispondo o espectador para a história amorosa que será apresentada: *Memórias de Amor*, *Louco Amor*, *Amor Com Amor Se Paga*, *História de Amor*, *Amor à Vida*, *A Lei do Amor* são apenas alguns exemplos. Outros títulos, apesar de não terem a palavra amor de forma explícita, sugerem o sentimento, como *Explode Coração*, *Mulheres Apaixonadas*, *Alma Gêmea* e *Insensato Coração*.

Além de acompanharem as tramas amorosas apresentadas nas novelas, os espectadores também têm acesso a informações sobre a vida amorosa dos atores. Nesses casos, percebe-se que a linha divisória entre a vida real e a ficção é bem tênue, pois há histórias de amor vividas com tanta intensidade pelas personagens que os casais acabam transferindo esse mesmo sentimento para suas vidas reais, transformando-se em sujeitos-espectadores-atores da sociedade do espetáculo. A título de ilustração, podemos citar os vários casamentos do ator Murilo Benício, todos frutos de relações amorosas que se iniciaram em gravações de novelas. Em 1998, casou-se com Alessandra Negrini, com quem fazia par romântico na novela *Meu Bem Querer*. Em 2001, casou-se com Giovanna Antonelli, com quem contracenou em *O Clone*. Mais recentemente, apaixonou-se por Débora Falabella, atriz que viveu Nina na novela *Avenida Brasil*, por quem sua personagem, Tufão, era apaixonado. Mas podemos citar também casamentos mais duradouros, como o de Glória Menezes e Tarcísio Meira, que completaram bodas de ouro em 2013. Eles se conheceram e se apaixonaram durante um programa de teleteatro, *Uma Pires Camargo*, em

1961, da extinta TV Tupi[1]. Desde então, contracenaram em várias novelas, na maioria como par romântico.

Toda essa referência ao sentimento amoroso não se trata de mera semelhança com a vida real. Amar e ser amado ainda é o fator primordial da existência humana. Como bem afirmou Erich Fromm, em *Psicanálise da Sociedade Contemporânea*, o amor é o pressuposto básico da saúde. Contudo, apesar dessa importância do amor na vida das pessoas, contribuindo para uma existência mais saudável e feliz, é importante destacar que o amor veiculado pelas novelas segue o modelo da sociedade do espetáculo. Nesse sentido, as considerações de Cássio Miranda são esclarecedoras. Em seu estudo sobre o discurso amoroso veiculado pelas mídias, ele defende a ideia de que "o amor é uma construção têmporo-espacial, que segue uma lógica marcada pelas modificações político-econômico e sociais de um dado período. [...] o amor não é um sentimento imutável ao longo da história e sua manifestação encontra-se, ainda que precariamente, vinculada ao seu tempo"[2]. Ou seja, amor comporta elementos imaginários, que configuram e identificam determinado momento. Nesse sentido, a principal característica do amor na sociedade do espetáculo é ser uma espécie de bem de consumo, em que as pessoas procuram satisfação imediata. O amor veiculado pela mídia se baseia, sobretudo, no "amor-gozo sexual". O imperativo do mais-gozar apoderou-se das relações amorosas, transformando a relação mais íntima entre os sujeitos, numa mera relação entre coisas. Nesse processo, ocorreu um esvaziamento do amor, pois as pessoas foram transformadas em objeto de

1   Na segunda metade dos anos 1950 e início dos anos 1960, a TV Tupi realizou o programa de teleteatro *O Grande Teatro Tupi*, que ia ao ar toda segunda-feira às 22 horas. A proposta era exibir peças de teatro famosas, adaptadas para a televisão, e os artistas eram oriundos do Teatro Brasileiro de Comédia.

2   C.E.S. Miranda, *Amores Contemporâneos e Seus Impasses*, p. 84.

gozo, prevalecendo a programação, a instantaneidade e a disponibilidade. Enquanto ícone do mais-gozar, é inevitável pensar que o amor foi rebaixado à categoria de mercadoria. A indústria cultural faz o amor aparecer onde não deveria estar, divulgando uma temática de amor que atende às aspirações contemporâneas. Não se trata, pois, de defender uma construção moralista sobre as relações amorosas. Trata-se, antes, da constatação de que a própria sexualidade se esvaziou, tornando-se apenas numa descarga mecânica de energia, de forma cada vez mais descartável.

Além do princípio do mais-gozar, Miranda, inspirado em Zigmunt Bauman, explica que a sociedade do espetáculo fez surgir uma "forma de amor" que busca a satisfação sem compromisso e a "felicidade fácil". O amor da "era líquida" foi transformado num objeto de consumo emocional: "o homem sem vínculos, conectado em redes, com dificuldades de comunicação na era da comunicação, isolado e desbussolado. É esse o homem mapeado pela sociologia, pela antropologia e confirmado na clínica psicanalítica: um sujeito marcado pela inoperância dos laços sociais, vazio e só, no entanto, vivenciando amores instantâneos e nômades"[3].

Mesmo assim, apesar da liquidez crescente de amores, do nomadismo cada vez mais comum das relações e da busca incessante da diversão sem limites, o amor duradouro ainda é o mais desejado. De forma ambígua, ao lado da instantaneidade, o amor também surge como tema central da felicidade completa; somente é feliz quem vive um "grande amor". Mesmo que o amor romântico tenha fracassado, o amor ainda é a razão da existência das pessoas. É nessa dialética contraditória que surge o amor das novelas: ao mesmo tempo que é reconhecida a importância do amor e é estimulado a construção de relações amorosas plenas e saudáveis, também são imagens espetaculares do amor, do

3 Ibidem, p. 156.

amor-gozo, do amor-mercadoria, afinadas com certa liquidez amorosa, típicas da contemporaneidade.

REFLEXÕES SOBRE O AMOR

Apesar de a sociedade do espetáculo organizar as pessoas
em torno das imagens-mercadorias, impondo comportamentos competitivos e de suspeita, fazendo com que os sujeitos
vejam uns aos outros como uma ameaça e um concorrente
em potencial, o amor ainda é o sentimento mais forte de
que é capaz a psique, explica Leandro Konder[4]. O tema
do amor não preocupa apenas os poetas, os romancistas,
os dramaturgos, os artistas de forma geral; ele já preocupou
e foi objeto de reflexão de muitos filósofos e psicanalistas.
Talvez ele seja uma novidade nos domínios de sociólogos
e historiadores que, ao se aproximarem cada vez mais das
questões ligadas à subjetividade humana, inevitavelmente
terão que encarar esse tema. Assim, basta um breve passeio
pela filosofia e literatura para constatar as inúmeras vezes
em que o amor foi transformado em objeto de reflexão, o que
revela sua importância, não apenas nos relacionamentos
humanos, mas para a subjetividade individual.

Um dos pensamentos amorosos analisados por Konder
é do filósofo Karl Marx[5], que desenvolveu uma concepção
antropológica do amor, considerando-o como uma maneira
universal, que todo ser humano possui, de se apropriar
de sua totalidade como homem. Marx estava longe de ser
um filósofo preocupado apenas com as questões materiais;
uma imagem equivocada que acabou por se popularizar.
Na verdade, a sua grande preocupação era com a emancipação espiritual do homem, com a sua liberação da pressão

4 Ver *Sobre o Amor*.
5 Ver *Manuscritos Econômico-Filosóficos*.

das necessidades econômicas, com a sua reintegração como ser humano, com o seu encontro com outros homens e com a natureza. Ou seja, Marx tinha em mente a superação da alienação e do estranhamento, pois é a partir de sua relação com a natureza que o homem se humaniza, recriando a si mesmo como ser emancipado. São os indivíduos vivos reais que mais interessavam a Marx, enquanto atores e autores da própria história. Sua ideia fundamental é: o homem faz a própria história, ele é seu próprio criador. Mas ele não a faz senão a partir de um dado processo de desenvolvimento, no qual se formou como indivíduo, sem que possa escolher livremente em muitos aspectos de sua vida. Nesse sentido, a preocupação maior de Marx é com a existência do homem individual real, como membro de determinada sociedade e de determinada classe. O homem é, ao mesmo tempo, auxiliado pela sociedade, para o seu desenvolvimento, e prisioneiro dela. A realização total de sua própria humanidade só se dará com o reconhecimento e a emancipação das forças que o aprisionam, culminando com uma mudança social que sirva de lastro ao seu florescimento.

A filosofia humanista de Marx é um protesto contra a desumanização e automatização do homem, seu processo de alienação e de perda de si mesmo, contra sua transformação em objeto, inerentes ao desenvolvimento industrial. Ela possui raízes na tradição filosófica humanista, desde Spinoza até Goethe e Hegel. Sua preocupação é com a essência humana e a realização de suas potencialidades. Nesse sentido, para Erich Fromm, Marx "foi capaz de associar o legado espiritual, do humanismo iluminista e do idealismo alemão, à realidade dos fatos econômicos e sociais, lançando, assim, as bases de uma nova ciência do homem e da sociedade, que é empírica e ao mesmo tempo plena do espírito da tradição humanista ocidental"[6].

6   *Meu Encontro Com Marx e Freud*, p. 17.

No livro 1 de *O Capital*, Marx constatou que o homem, na sociedade capitalista, é motivado apenas pelo desejo de maiores ganhos materiais, conforto e aparelhos de toda sorte que facilitem as atividades de seu cotidiano, o que o afasta sobremaneira de sua humanidade. Esse desejo só não é maior que o desejo de segurança, por isso os homens ficam cada vez mais satisfeitos com a vida regulamentada e dirigida, tanto para a produção, como para o consumo, submetendo-se ao Estado, às empresas e às máquinas burocráticas. Essa situação leva-o a tal grau de conformismo que elimina grande parte da individualidade e, portanto, do processo de florescimento da individuação. Para Marx, os homens tornaram-se impotentemente subsumidos a mercadorias, servindo "máquinas viris". Nesse processo, o capitalismo cria um terrível "estranhamento" na relação dos homens uns com os outros, que os torna extremamente inseguros e hipercompetitivos, solapando as bases da solidariedade humana. A alienação acaba por abranger todas as atividades e relações do homem. A propriedade privada dos meios de produção, condição fundamental da produção de mais valor, deforma tudo.

Diante dessas constatações, Marx idealizava uma sociedade em que nem o lucro nem a propriedade privada existissem ou tivessem centralidade; a realização livre da capacidade do homem deveria constituir o objetivo predominante. Ele almejava o pleno desenvolvimento humano e que o homem encontrasse as formas de tornar-se verdadeiramente humano. Ao preocupar-se com a humanidade do homem, inevitavelmente Marx também tinha um profundo interesse pela sua capacidade de amar, de construir pelo amor. Nos *Manuscritos Econômico-Filosóficos*, obra escrita quando tinha apenas 24 anos, ele afirmou: "se tu amas sem despertar amor recíproco, isto é, se teu amar, enquanto amar, não produz o amor recíproco, se mediante tua externação de vida, como homem amante, não te tornas homem amado, então teu amor é impotente, é uma infelicidade"[7].

Para Konder, a concepção do amor como um dos meios da realização do "homem total", como um dos modos de o ser humano apropriar-se universalmente do seu ser, não pode ser desligada do engajamento amoroso existencial e da relação amorosa que Marx tinha com sua esposa, Jenny. Marx não foi só um defensor do amor no plano teórico, mas foi também um praticante radical do amor em sua relação com Jenny. Quando ela morreu, em 1º de dezembro de 1881, Friedrich Engels (amigo mais próximo do casal) previu, desanimado: "o 'mouro' (como Engels se referia à Marx) não vai sobreviver". Para Marx, explica Konder, "o amor é uma 'maneira universal' que o ser humano tem de se apropriar do seu ser como 'um homem total', agindo e refletindo, sentindo e pensando, descobrindo-se, reconhecendo-se e inventando-se"[8].

As ideias de Marx a respeito da humanidade do homem e de sua capacidade de amar inspiraram Erich Fromm em suas reflexões sobre a importância do amor. Para Fromm, o amor, assim como a vida, é uma arte e, como tal, é necessário aprender a amar[9]. Esse aprendizado é cotidiano e exige tanto o esforço de elaboração teórica como a disposição para o aprendizado na prática. Para compreender as questões teóricas do amor, faz-se necessário o esforço de construção de uma teoria da existência humana. Com relação à prática, como qualquer arte, o amor precisa de disciplina, concentração e paciência para ser apreendido. Porém, na sociedade atual, fortemente marcada pela aparência e pelo lucro, as pessoas consideram tudo mais importante que o verdadeiro amor: sucesso, prestígio, dinheiro, poder.

7   K. Marx, *Manuscritos Econômico-Filosóficos*, p. 161.
8   L. Konder, op. cit., p. 21.
9   Ver *A Arte de Amar*.

E enquanto investem horas diárias para alcançar seus objetivos materiais, esquecem de investir o mesmo tempo na arte de amar. Nesse processo, o amor é visto, erroneamente, como uma dádiva e não como uma construção.

Com a finalidade de formular sua teoria do amor e, de forma mais abrangente, da existência humana, Fromm afirma que, por ser dotado de razão e imaginação, o homem é consciente de sua solidão, impotência e ignorância, é ciente de seu nascimento e de sua morte[10]. Essa existência desunida torna-se sua prisão insuportável. O homem só é capaz de suportar essa situação porque encontra, em seus semelhantes, fortes laços substitutos dos que tinha com a natureza e que eram regulados pelos impulsos. O homem sente uma profunda necessidade de relacionar-se com outros seres vivos e dessa relação depende sua saúde. Essa necessidade é a base de todas as relações humanas, de todas as paixões e de todo amor, único sentimento capaz de satisfazer as necessidades humanas, possibilitando ao homem a sensação de integridade e individualidade. Para Fromm, o amor é "uma sensação de partilha, de comunhão, que permite a plena manifestação da atividade interior. [...] No ato de amar sou uno com tudo e, no entanto, eu sou eu mesmo, um ser humano singular, independente, limitado, mortal"[11]. O homem que não desenvolve sua capacidade para amar não é capaz de suportar o peso da individualidade e da liberdade, e tenta fugir para laços artificiais que lhe proporcionem a sensação de vinculação. Apesar de o homem recorrer a respostas parciais para superar a solidão (como os estados orgíacos provocados pelo uso de drogas e a conformidade com o grupo), a verdadeira resposta está no amor, na realização da unidade interpessoal, na fusão com outra pessoa.

10 Ibidem.
11 *Psicanálise da Sociedade Contemporânea*, p. 44.

Para Fromm, o amor é a resposta amadurecida ao problema da existência, "o amor amadurecido é união sob a condição de preservar a integridade própria, a própria individualidade. O amor é uma força ativa no homem"[12]. O amor amadurecido é formado a partir de um paradoxo, pois são dois seres que formam apenas um, sem deixar de serem dois. O caráter ativo do amor consiste mais em dar do que em receber. Trata-se da superação da dependência, da onipotência narcisista e do desejo de explorar os outros. Por meio do amor, a pessoa adquire confiança na sua própria capacidade e nos seus poderes humanos. Amar torna-se um fim em si mesmo, não exigindo retribuição. O amor se realiza em seu próprio ato e se alimenta da percepção de sua "potência" sobre o outro, pelas transformações que é capaz de promover sobre aquele que é objeto de sua ação amorosa. Mas uma tal transformação é também autotransformadora. Aquele que se doa pelo amor realiza um modo de vida, construindo um processo no qual se enche de energia erótica e sentido de realização.

Fromm estabelece algumas características, em relação umas com as outras, do amor amadurecido[13]. A primeira delas é o cuidado. Amor é preocupação ativa pela vida e crescimento daquilo que amamos, das pessoas que amamos. A segunda é a responsabilidade, como resposta às necessidades das pessoas que amamos. Cuidado e responsabilidade vêm acompanhadas pelo respeito, pela preocupação de que o outro cresça e se desenvolva como realmente necessita. Enfim, a última característica, o amor é o conhecimento do outro, de suas necessidades, angústias, tristezas e alegrias. Diante dessa caracterização, para Fromm, o amor jamais é uma dádiva, é sempre uma construção. Para encontrar o amor amadurecido, é necessário desenvolver algumas qualidades

12 *A Arte de Amar*, p. 43.
13 Ibidem.

específicas, como a superação do narcisismo, a prática da fé racional (certeza, firmeza e coragem nas próprias convicções) e a orientação ativa e produtiva em uma atividade.

Infelizmente, continua Fromm em *Meu Encontro Com Marx e Freud*, o homem da sociedade capitalista não pensa que o seu amor é capaz de criar algo, não pensa que pode emanar amor, que o amor pode ser construído. Sua única preocupação é em ser amado, e acredita que ser amado é puramente uma questão de sorte ou pelos bens materiais que possui. Esse é um simulacro do amor e não um amor ativo; nele a pessoa é passiva no ato de amar, pois não controla e não age, mas apenas reage ao sentimento. O amor pelo simples ato de amar é uma exceção. Nessa espécie de amor, o mais importante é o ser e não o consumir, o que está em ação é a capacidade humana. Mas, numa sociedade como a atual, orientada para metas exteriores ao humanismo desalienante e emancipatório, como o consumo e o sucesso, regida pelo "mercado de personalidades", essa forma de amor é cada vez mais rara.

Mesmo destacando as inúmeras possibilidades de o amor se transformar, na sociedade neoliberal do espetáculo, em apenas uma imagem-mercadoria a ser consumida, as ideias sobre o amor amadurecido de Erich Fromm são perspicazes e interessantes para a reflexão sobre o sentimento amoroso veiculado pelas novelas, pois essa é a experiência buscada pelas personagens.

Outra referência na filosofia do amor é a de Octavio Paz, para quem o amor não existe separado da sexualidade, do erotismo e da vida: "o fogo original e primordial, a sexualidade, levanta a chama vermelha do erotismo e esta, por sua vez, sustenta outra chama, azul e trêmula: a do amor. Erotismo e amor: a dupla chama da vida"[14]. A preocupação de Paz não é sobre o sentimento amoroso em si, que para ele existe em

14   *A Dupla Chama*, p. 7.

todos os tempos e lugares, mas sobre as concepções elaboradas pelas diversas sociedades sobre ele. Essas expressões não são nem coerentes, nem racionais, são, acima de tudo, aspirações psíquicas e sexuais. Assim, o amor é sempre um sentimento subversivo e criador de vida que merece ser vivida.

Apesar de suas múltiplas formas ao longo do tempo, Paz compreende que o amor foi somente "inventado" pelos poetas franceses no século XII. Foi só nesse momento que o amor surgiu, não como um delírio individual, não vinculado às pregações religiosas ou às doutrinas filosóficas, mas como um ideal de vida superior. O século XII é o momento-chave para refletirmos sobre o amor, porque nele foi criado um arquétipo do sentimento, foi criado um conjunto de condições e qualidades que distinguem o amor de outras paixões: a atração e a escolha, a liberdade e a submissão, a fidelidade e a traição, a alma e o corpo. Para Paz, o mais interessante não são as mudanças nas representações do sentimento amoroso, mas, como existe uma continuidade de ideias, ou seja, desde o século XII, o amor vem sendo representado de várias formas, revelando certas mudanças, porém sua essência permanece a mesma, não foi alterada.

Essa situação se repete nas novelas. A representação do sentimento amoroso não difere entre uma novela e outra, como também percebe-se o diálogo entre essas representações e as literárias e mitológicas, como será analisado adiante.

Já a jornalista Marina Colasanti referencia as propostas da psicanálise freudiana para orientar suas reflexões sobre o amor[15]. De acordo com essas propostas, a escolha por quem amar encontra seu ponto de partida no passado afetivo, nos amores primeiros de cada sujeito, ou seja, a escolha amorosa é ditada pelo inconsciente. Ao escolher alguém para

---

15 Colasanti trabalhou em várias revistas como editora das seções de comportamento. Foi nessa função que acumulou experiência para refletir sobre as relações amorosas, a partir das cartas que recebia de leitores, sobretudo de mulheres. Ver *E Por Falar em Amor*.

amar, a pessoa está satisfazendo um desejo que não tem plena consciência, mas é fundamental porque é o que move sua vida. As pessoas que exerceram as funções materna e paterna (que podem ou não coincidir com os pais biológicos) são os centralizadores iniciais de todo o afeto, que acabam por se transformar em modelos básicos de identidade e emprestam suas características para a formação do amado ideal. Porém, o modelo também pode se estabelecer pela oposição. Dessa forma, o sucesso no amor não depende exclusivamente da pessoa que ama ou que busca o amor, mas da forma e intensidade que ela foi amada em sua relação primordial.

Se o amor for considerado um sentimento psicológico e subjetivo, que surge dos desejos, das necessidades afetivas e das projeções, ele não pode ser absoluto, afirma Colasanti. Entre o nascimento e a morte decorre a vida, e a única certeza da vida é a morte. Na tentativa de vencer a morte e ter a ilusão de continuar vivendo, o homem gera outras vidas, acreditando que viverá em seus descendentes. O amor, então, torna-se o participante direto da vida e da morte. Foi a partir dessa concepção que os homens instituíram a noção de "amor absoluto". No entanto, o amor que parece ser "absoluto" para quem sente pode não o ser para quem ele é dirigido. O amor pode ter picos de absoluto, mas não permanecer nessa condição, pois possui uma forte característica de mutabilidade. A partir dessa reflexão, para Colasanti, apesar de todas as fantasias ao contrário, as pessoas podem viver sem um grande amor, mesmo porque ele não é indispensável como a luz ou a alimentação. Mesmo que a ideia desagrade, o amor é uma necessidade menor, se comparada a outras ainda mais fundamentais. Mesmo sendo "dispensável", o amor é sempre buscado, e a condição básica para um forte e autêntico sentimento amoroso é a identificação. Sejam pessoas semelhantes ou totalmente diferentes em suas atitudes e modo de vida, o que sempre une duas pessoas é uma identificação enorme ligando elementos fundamentais, um nó sólido que liga semelhanças profundas, nem sempre aparentes e conscientes, culminando com uma sensação de absoluta intimidade. Identificação que torna as pessoas capazes de, temporariamente, colocarem os desejos, os interesses e as emoções do parceiro em primeiro lugar. Amar é a capacidade de estar no lugar do outro, de saber como ele pensa, quais são os seus desejos e angústias. Para tanto, é necessário conhecer a outra pessoa; sem conhecê-la, é apenas projetado sobre ela as fantasias e necessidades daquele que ama. O conhecimento recíproco é o que traz a paz e a serenidade próprias do amor. Nesse processo, é como se ocorresse uma transferência permitida entre os corpos psíquicos das pessoas que se amam. Mas esse conhecimento, assim como o amor, é mutável. Trata-se de um processo contínuo, de uma aprendizagem permanente sobre o outro e sobre si mesmo. Se a pessoa não permanecer numa posição de conhecer constantemente, corre o risco de perder o amor. O amor pelo outro viabiliza o amor por si mesmo, numa dialética constante. Esse conhecimento, do outro e de si mesmo, leva à comunhão, à construção de projetos comuns. Então, não existe mais o "eu", existe o "nós". A partir dessa comunhão são elaboradas as vivências e interrogações. Esse "nós", que passa a ser expressado na linguagem, permite a intimidade, a espontaneidade e a unidade cúmplice. Mesmo fisicamente sozinhos, as pessoas estão em conexão e formando um par com o outro.

Um aspecto interessante abordado por Colasanti sobre o amor é a questão do interesse. Ela cita a história de uma leitora que, tendo passado muitas dificuldades e necessidades materiais na infância, sempre escolheu relações amorosas que pudessem lhe dar algum retorno financeiro. Ela namorou e casou várias vezes, e cada vez que uma relação terminava, ela acumulava um pouco mais de dinheiro e tinha uma vida material melhor. Isso não quer dizer que ela não amasse seus companheiros. Ao contrário, ela sofria por ausência e por ciúme, sentia picos de paixão e amor, mas as suas relações não se encaixavam na visão romântica de amor puro e eterno. Por questões vividas ainda na infância, que marcaram de forma decisiva sua psique, ela associou amor à segurança material e só amava homens que pudessem preencher essa necessidade. A partir dessa experiência e de outras similares, Colasanti conclui que escolhemos uma pessoa para amar porque ela "reúne em si, de forma confortavelmente abrangente, aqueles pontos básicos nos quais nosso desejo se concentra [...], encontrando naquela mesma pessoa outras formas de satisfação"[16], para além da amorosa. A ideia de Colasanti, ao citar esse exemplo, é pensar que não existe uma relação baseada apenas no interesse ou apenas no amor. As relações são sempre, na verdade, escolhas que satisfazem um conjunto de desejos primordiais do sujeito. O amor torna-se, pois, a síntese das experiências que o ser vive desde a concepção (portanto, também na vida uterina), movido por sua energia libidinal, por sua pulsão de vida.

O AMOR-ESPETÁCULO DAS NOVELAS

As histórias de amor representadas nas novelas não são originais. Na grande maioria das vezes dialogam com outras, tanto da mitologia como da literatura e da filosofia.

Para Miranda, em seu livro já citado *Amores Contemporâneos e Seus Impasses*, essa proximidade ocorre porque a mídia (não apenas a televisiva, mas também a escrita, por exemplo, as revistas) substituiu a literatura na promoção de uma educação sentimental, chegando a assumir um estatuto pedagógico. Assim como a literatura exerceu, até o século XIX, a função de servir como uma espécie de

16   Ibidem, p. 278-279.

manual, de inspirador e gerenciador da vida em sociedade, uma instrução sutil ensinando homens e mulheres a como se amarem, atualmente esse papel é exercido pela mídia. As mídias, segundo critérios dominantes de um determinado momento da vida social, não apenas veiculam imagens de relacionamentos amorosos. Elas, sobretudo, codificam, em imagens e em palavras, as ideias, as concepções gerais e os modelos ideológicos de como amar, do que é o amor e das formas de realizá-lo. Elas oferecem ideais e fórmulas prontas, com as quais o sujeito, previamente alienado em sua formação social e subjetiva, se identifica. Nesse processo, de forma esperançosa, as pessoas buscam construir sentimentos, respostas e um significado para sua existência, por meio das histórias e narrativas midiáticas.

O diálogo mais recorrente das novelas é com o mito do andrógino. Em *O Banquete*, obra escrita por Platão em 380 a.C., os convidados discursam sobre o tema do amor e sobre uma concepção platônica de amor, que ultrapassa a dimensão física, uma vez que é privilegiada a beleza da alma, ou seja, o amor é concebido como um sentimento possível para todos. Aristófanes contribui com a discussão, narrando o mito do andrógino, sobre a eterna busca pela metade que completa o ser humano, o que explicaria o mistério da atração universal. No início dos tempos, existiam três sexos: o feminino, o masculino e o andrógino, casais completos e perfeitos com os dois sexos. Os andróginos eram seres fortes e inteligentes que, devido a essas características, ameaçavam o poder dos deuses. Para conseguir submetê-los, Zeus resolveu dividi-los, pois assim ficariam desnorteados e fracos. Desde então, as metades separadas buscam, eternamente, sua metade complementar.

De acordo com Konder, *O Banquete* só pode ser compreendido considerando-se o contexto histórico de crise grega em que foi produzido. No século IV a.C., as pólis gregas, sobretudo Atenas, passavam por um período de dissolução das instituições criadas pela democracia e por uma crise da cidadania, o que deslocava as discussões da política para problemas da vida privada, como o amor. Para Konder, "Platão marca o início da história da reflexão sobre o amor, com um trabalho que nos dá um exemplo magnífico de pluralismo."[17] Já para Paz, *O Banquete* de Platão é a reflexão fundadora sobre o amor no Ocidente, o que transforma o texto em filho da filosofia e do sentimento poético. O mito do andrógino explica por que as pessoas se sentem seres incompletos e por que o desejo amoroso é sempre de completude. Afinal, o mito "é uma realidade psicológica: todos, homens e mulheres, buscamos nossa metade perdida"[18].

Além do mito dos andróginos, outra referência importante para compreendermos as representações do sentimento amoroso nas novelas é o mito de Eros e Psiquê, a história de um deus que se apaixona por uma bela jovem, que é a personificação da alma. Nesse sentido, o mito discorre sobre o sentir-se atraído pela alma da pessoa amada. Após ser salva e desfrutar de momentos prazerosos em um casamento feliz, Psiquê, seguindo a sugestão invejosa das irmãs, descobre que seu marido é Eros, o deus do amor. Por não ter cumprido com sua promessa (de jamais tentar descobrir quem era seu amado), Psiquê perde tudo: o castelo em que morava, a companhia do amado e a dignidade, por não ter respeitado o desejo de Eros. Para recuperar seu amor, Psiquê passa pelos maiores castigos e humilhações impostas por Afrodite, a mãe de Eros. Apesar das dificuldades, Psiquê permanece perseverante e não desiste de seu amor. Cumpre com todas as provas impostas por Afrodite, inclusive entrar no mundo dos mortos, governado por Hades, e do qual nenhum ser mortal retorna impunemente, até novamente juntar-se a Eros e viver o amor pleno. O mito de Eros e Psiquê é marcado

17 L. Konder, op. cit., p. 17.
18 O. Paz, op. cit., p. 69.

por amor e sofrimento, trazendo a mensagem de que amar é superar obstáculos. Só vive um grande amor aqueles que tiverem força e coragem para enfrentar as agruras e tristezas que são inerentes ao sentimento.

Para Paz, a transgressão, o castigo e a redenção, como narrado no mito de Eros e Psiquê, mas não apenas nele, são elementos constitutivos da concepção ocidental do amor: "não há povo nem civilização que não possua poemas, canções, lendas ou contos, nos quais a anedota ou o argumento – o mito, no sentido original da palavra – não seja o encontro de duas pessoas, sua mútua atração e os esforços e dificuldades que devem enfrentar para se unirem"[19]. A atração que os amantes experimentam no encontro é involuntária, fruto de um grande magnetismo quase incontrolável, mas, ao mesmo tempo, trata-se de uma escolha. Predestinação e escolha, assim como os poderes objetivos e subjetivos, se encontram no território do amor.

Nas novelas são repetidos esses mesmos ingredientes dos mitos dos seres andróginos e de Eros e Psiquê. Os casais apaixonados se buscam para sentirem-se completos e somente merecerão ficar juntos se antes provarem que são capazes de vencer as dificuldades e os obstáculos, provarem que são merecedores de amor. Os casais apaixonados, após o feliz encontro inicial, passam por separações advindas de mentiras, fofocas, brigas e discussões, não raro pela interferência de "algum invejoso" (como as irmãs de Psiquê), até o romântico encontro final, que consolidará uma relação madura e duradoura. Assim aconteceu com Paloma e Bruno em *Amor à Vida*. Fortemente atraídos, eles só conseguiram ficar juntos, para viverem seu grande amor, depois de desvendarem e superarem as mentiras e armações de Félix, Ninho, Alejandra e Glauce. O mesmo ocorreu com Cristina e Vicente em *Império*, com Morena e Théo em *Salve Jorge*,

19 Ibidem, p. 34.

com Nina e Batata em *Avenida Brasil*. A lista é imensa. Poderiam ser citadas todas as novelas, pois, independentemente do horário, todas trazem um casal em perfeita sincronia, que enfrenta vários obstáculos para viver seu grande amor.

Outra forma de relação amorosa, recorrentemente apresentada nas novelas, é dos casais que se encontram apenas na maturidade e vivem um grande amor. Esse foi o caso de Márcia e Gentil e de Bernarda e Lutero, em *Amor à Vida*, e de Arlete e Pedro, em *Pega Pega*. São casais que reforçam a possibilidade do amor para todos, que pode ser vivido sem juventude, representando o amor platônico proposto pela tradição filosófica, que valoriza o sentimento e a beleza da alma.

Algumas novelas abordam a perseverança do amor, mostrando sentimentos que sobrevivem ao tempo. Mesmo tendo se encontrado ainda na juventude, são casais que enfrentam os mais variados tipos de adversidades, para se reencontrarem depois de anos e perceberem que o tempo não alterou o amor que sentiam um pelo outro. Esse foi o caso de Teresa e Santo, em *Velho Chico*, e de Heloísa e Pedro, em *A Lei do Amor*.

Nessa mesma linha de perseverança, estão os exemplos de amor que sobrevivem à própria vida e podem ser vividos em outra encarnação, como o de Miriam e Carlos em *Amor Eterno Amor*, e de Lívia e Felipe, em *Além do Tempo*. A autora dessas novelas é Elizabeth Jhin, que vem se destacando na linha de novelas baseadas no espiritismo. Em *Além do Tempo*, a autora inovou a estrutura da narrativa, inserindo uma passagem de tempo (de meados do século XIX para início do século XXI), mantendo os mesmos atores em novas personagens, que viveriam as escolhas que tinham feito na vida anterior. Para Jhin, essa estratégia permitiu dar às personagens "uma nova chance de evoluir, de serem pessoas melhores, de exercerem o perdão e de amar de forma mais profunda"[20].

20 Ver Autora Fala em Mudança de Fase em *Além do Tempo*, O Globo.

A mensagem da novela, como em todas as outras escritas por Jhin, é clara e está de acordo com as propostas da doutrina espírita: não há ação sem reação, se a pessoa não é responsabilizada nesta vida por suas atitudes, será em outra e sempre existe a possibilidade de "evoluir", de ser "melhor", de superar a maldade e praticar o bem. Essa proposta, de começar a construir uma existência melhor e mais feliz ainda nesta vida para usufruir em outra, atinge com força a mentalidade do espectador, tanto dos adeptos como dos não adeptos do espiritismo, pois se trata de uma mensagem de alento, de paz e de amor, que reforça a ideia de evolução espiritual. Contudo, cabe ressaltar que também são mensagens ideológicas, que naturalizam as contradições sociais, transferindo unicamente para a pessoa a responsabilidade pela sua situação social e econômica. De acordo com a doutrina espírita, se uma pessoa está vivendo situações ruins, talvez isso seja fruto de atitudes de vidas passadas e tudo não passa de um caminho a ser trilhado rumo à evolução, sem nenhuma relação com a estrutura socioeconômica, política e cultural de seu tempo.

Outro modelo de história de amor recorrente nas novelas é a do amor como um exercício de transgressão e de liberdade, como um desafio à família e à sociedade. Na literatura, o exemplo mais conhecido de amor transgressor é *Romeu e Julieta* de William Shakespeare, escrito no final do século XVI. O fato de terem nascido em famílias rivais condena os jovens a não poderem viver seu grande amor. Frustrados, eles preferem a morte à separação. Um exemplo desse modelo de amor transgressor foi entre os Rosado e os Vilar, famílias rivais de *Saramandaia*. O amor proibido acompanhou três gerações. Candinha Rosado e Tibério Vilar viveram um grande amor na juventude. Porém, Candinha não conseguiu contrariar o pai e casou-se com outro homem, reforçando as rivalidades familiares. Vitória Vilar, filha de Tibério, e Zico Rosado, filho de Candinha, repetiram a história dos pais, viveram um grande amor e não conseguiram contrariar os pais. A história quase se repetiu na terceira geração com o amor de Stela Rosado e Tiago Vilar, que conseguiram finalmente unir as duas famílias. Seguindo esse exemplo, Candinha e Tibério resolveram assumir seu amor de décadas passadas e se transformaram numa frondosa árvore. E Vitória e Zico (já enlouquecido) morreram juntos, soterrados, mesmo podendo escapar do desabamento.

Em *Amor à Vida*, a transgressão foi, além de familiar, também política. Pérsio, um palestino, e Rebeca, uma judia, se apaixonaram e convenceram suas famílias a acreditarem em seu sentimento e a apoiarem o seu relacionamento. Já Regina e Vinícius, em *Babilônia*, transgrediram a ordem social e econômica. Ela morava na favela e trabalhava numa barraca de praia. Ele era oriundo da classe média, empregado num conceituado escritório de advocacia e estudava para ser juiz.

Outro tipo de amor transgressor que vem sendo representado nas novelas é o que passa à margem da monogamia, revelando certa necessidade humana de relacionamento amoroso com mais de uma pessoa. Essas relações não são representadas como falsas ou imorais; ao contrário, as pessoas verdadeiramente se amam e não conseguem viver umas sem as outras, por isso optam por uma relação alternativa que envolva mais de duas pessoas. Em *Avenida Brasil*, Cadinho tinha três mulheres e Suelen, dois maridos. *A Força do Querer* também explorou os sentimentos confusos que envolvem um relacionamento amoroso, propondo formas diferentes de resolver as questões, para além das moralistas conservadoras. Ritinha engravidou de Zeca e casou-se com Ruy, que pensava ser o pai da criança. Ao longo da narrativa, a verdade prevaleceu, mas Ritinha optou por viver sozinha, apenas com seu filho, afirmando que amava muito Zeca e também amava muito Ruy, mas acima de tudo amava a si mesma e a sua liberdade. No final, o destino de Ruyzinho foi conviver com a mãe e a avó, com a família de Ruy e com a família de Zeca, sendo amado e respeitado por todos. Apesar de terem divulgado um tema polêmico sobre relacionamento amoroso, essas novelas, ao colocarem as personagens em situações cômicas ou absurdamente irreais (caso das várias situações vividas por Cadinho em *Avenida Brasil*) ou, ainda, dando-lhes um caráter excessivamente infantil (caso de Ritinha), esvaziaram o conteúdo da poligamia. Muito diferente do que aconteceu com a já citada novela *Os Gigantes*, que optou por uma narrativa mais realista. Paloma, Francisco e Fernando haviam vivido um triângulo amoroso na infância e adolescência. Já adultos, eles se reencontraram e, apesar de Francisco e Fernando terem construído outras relações amorosas, descobrem que ainda amam Paloma. Ela fez sua escolha e casou com Francisco, mas engravidou de Fernando. O público não gostou da narrativa ousada e a produção alterou o destino das personagens para um modelo mais conservador.

Contudo, uma das maiores transgressões amorosas nas novelas ainda é o relacionamento homoafetivo. Um dos primeiros casais, Cecília e Laís, surgiu em 1988, na novela *Vale Tudo*. Elas moravam juntas e andavam de mãos dadas nas ruas. Em 1998, em *Torre de Babel*, a Globo ensaiou novamente a presença de um casal feminino. Rafaela e Leila, que tomavam café da manhã na cama, insinuando que haviam passado a noite juntas, não caíram nas graças do público. Os autores julgaram conveniente matar as personagens na explosão de um shopping. Vários outros casais homoafetivos, femininos e masculinos, surgiram nas novelas. Um de grande sucesso foi Félix e Niko de *Amor à Vida*, que trocaram o primeiro beijo homoafetivo da emissora, contudo, apenas no final do último capítulo. Em *Babilônia*, para romper logo com o preconceito, Teresa e Estela, casadas há trinta e cinco anos, trocam um longo beijo, logo no primeiro capítulo. A cena não foi bem aceita pelo público, ainda fortemente marcado pelo moralismo, alterando o roteiro da novela. Em *Império*, o cerimonialista Cláudio Bolgari, casado com Beatriz, vivia uma relação estável, não assumida publicamente, com Leonardo. No final da narrativa, com o apoio da ex-esposa, Cláudio assumiu sua relação com Léo e Beatriz apaixonou-se por Otávio. Cláudio e Beatriz sempre se amaram e continuaram se amando e sendo cúmplices, mesmo vivendo com outras pessoas. Nesse sentido, *Império* explorou o tema do sentimento amoroso associado à liberdade e ao respeito.

CIÚME, SOFRIMENTO, MORTE: A FACE PATOLÓGICA DO AMOR

Em francês, o maracujá é chamado de *fruit de la passion* (fruto da paixão), devido às suas sementes, que evocam os cravos presentes na crucificação de Cristo. O termo está associado aos eventos e sofrimentos (físicos, espirituais e mentais) que Cristo viveu antes de ser crucificado e que são denominados, pelo cristianismo, de paixão de Cristo. Paixão e sofrimento se apresentam, assim, como a dupla face da mesma moeda. Paixão também, segundo muitos filósofos, dentre eles Platão, é uma das portas de entrada para o amor. A paixão é um sentimento intenso e profundo de grande interesse e atração, inclusive sexual, por uma pessoa. É o momento em que se manifesta o fenômeno da projeção: a pessoa projeta suas idealizações no parceiro e é atraído por essa idealização, e não exatamente pelo que a pessoa é de fato. A paixão pode ser seguida do amor, momento de calmaria, em que se busca a verdade essencial, a plenitude e a completude. Nesse momento, são valorizados a personalidade, os valores e a autenticidade da pessoa amada, que deixa de ser idealizada e passa a ser dotada de desejos próprios. Assim, amor, paixão e sofrimento fazem parte de um mesmo processo do sentimento e ato amoroso. Essa foi a possibilidade explorada na minissérie *Amorteamo*.

Amorteamo ("amor te amo" ou "a morte amo"?) une, já em seu título, duas situações aparentemente antagônicas, mas em muitos casos complementares: o amor e a morte. A minissérie foi ambientada no Recife do início do século xx e narrou a história de dois triângulos amorosos marcados pela morte: um formado por Arlinda, Chico e Aragão e outro por Malvina, Lena e Gabriel. Todo o ambiente da narrativa tem um ar sombrio de morte. As cores das roupas passeiam entre o vermelho sangue até o negro fúnebre, passando pelos mais variados tons de roxos. O céu é sempre cinzento, cortado por raios e trovões. Fortes ventos e temporais são constantes. Apenas no último capítulo, devido ao casamento de Lena e Gabriel e a lembrança do casamento de Arlinda e Aragão, o dia está ensolarado e cheio de luz. *Amorteamo* revela que o amor, tanto nas novelas como na vida, não é apenas alegria e saúde, não possui apenas aspectos positivos. Pode haver sofrimento, tristeza e ressentimento no amor.

Nesse sentido, Octavio Paz, em *A Dupla Chama*, cita o poeta Caio Valério Cátulo, que viveu no século I a.C., em Roma. O poeta destacou três elementos do sentimento, que ainda encontramos nas expressões do amor moderno, inclusive nas novelas: a escolha dos amantes, o amor como uma transgressão e o ciúme. Cátulo foi o primeiro a observar a natureza imaginária do ciúme e sua poderosa realidade psicológica, revelando, em seus poemas, uma visão sombria do amor: ciúmes, abandono e morte. Os amantes passariam, o tempo todo, da exaltação ao desânimo, da tristeza à alegria, da cólera à ternura, do desespero à sensualidade.

Em *E Por Falar em Amor*, Marina Colasanti defende que, apesar da busca de um amor que traga felicidade, nem sempre felicidade e amor são sinônimos. Ao contrário, o amor, assim como a vida, está muito mais associado ao sofrer, o que não o torna menos necessário. O sofrimento tem um lado "positivo". Sofrendo por amor, tenta-se compreendê-lo melhor, na esperança de que o conhecimento faça sofrer menos.

Aprende-se a entender os parceiros e melhor conviver com eles. O ciúme seria um dos sentimentos que causa maior sofrimento no amor. O ciúme torna as pessoas piores e menos confiantes, tanto no amor do outro como no amor que sente. Aqueles que sofrem de uma baixa autoestima, são os mais suscetíveis às crises de ciúme. Inseguros, pensam que todas as outras pessoas são mais capazes do que ele e podem a qualquer momento lhe substituir, inclusive no amor. O ciumento torna-se possessivo e castrador, em casos mais patológicos, reacionários e até homicidas e suicidas. O ciúme é um sentimento improdutivo, regressivo e paralisante, um sentimento que adoece e leva a pessoa a um profundo desamparo, a um desejo de retorno à proteção uterina e, muitas vezes, em situações mais extremas, ao desejo de morte: algumas vezes, ao desejo da própria morte, em outras, ao desejo da morte do rival. Ambas as situações buscam acabar com o sofrimento. As experiências de Colasanti levaram-na a pensar que o desejo de morrer é mais comum nas mulheres, enquanto o desejo de matar (seja o outro ou o ser amado) é mais comum nos homens. Essa situação apontada por Colasanti foi apresentada em *Amorteamo*: Dora e Malvina se suicidaram por não ter seu amor correspondido, e Aragão, por ciúme, matou seu rival. Mas o contrário, seja na vida ou nas novelas, também pode acontecer; mulheres podem tornar-se assassinas, por amor e por ciúmes. Foi o caso da médica obstetra Glauce, em *Amor à Vida*, que deixou Luana e seu bebê morrerem na mesa do parto, porque descobriu ser loucamente apaixonada por Bruno, o marido de Luana.

Nesse sentido, é interessante citar o sucesso, ainda na atualidade, da peça *Otelo, o Mouro de Veneza*, de William Shakespeare, apesar de escrita em 1603[21]. O sucesso está

---

21 Acreditando ter sido traído, Otelo, numa crise de ciúme, estrangula Desdêmona. Ao saber que, de fato, Desdêmona não lhe havia traído, não suporta a culpa por ter matado a mulher que tanto amou, e que também o amava, e acaba suicidando-se.

associado à atração por histórias de amor e ciúme violento, que envolvem mentiras, traições e assassinatos. A identificação com as personagens revela que esses sentimentos são comuns e latentes, e que as pessoas podem (num momento de descontrole e fúria, mesmo não vivendo o tempo todo em quadros patológicos) matar por amor e ciúme, como aconteceu com Glauce.

No entanto, há casos também em que o ciúme salva relações. Para a já citada Colasanti, nem todas as expressões de ciúme são patológicas. O ciúme também pode ter um aspecto positivo, se eventual, leve e passageiro, uma pequena dúvida pode confirmar um desejo recíproco de continuidade da relação. Um pouco de ciúme foi o que exigiu Bento de Paula, em *Babilônia*. Ela já havia enfrentado inúmeros preconceitos por ser negra e moradora de favela, mas isso não abalou sua autoestima. Paula era uma mulher forte e confiante. Confiante de sua beleza, de sua sensualidade e, sobretudo, de sua competência profissional. Bento era um tipo atlético, que chamava a atenção de outras mulheres nas praias e em bares. Mas Paula não demonstrava sentir ciúme e insegurança, mesmo quando Bento sugeriu que poderia sair com outras mulheres. Já ele sentia ciúme, e não suportou a ideia de ver Paula viajando sozinha para Nova York.

Além da face sombria do amor associado à morte, as novelas também problematizam as formas de amor patológico. Estudos na área da psicanálise revelam que o amor pode adoecer, levando as pessoas que amam de forma intensa e desmedida a cometerem crimes passionais, motivadas sobretudo pelo ciúme. Ou seja, assim como o amor é fator de saúde, também pode ser de adoecimento.

Em *A Arte de Amar*, Erich Fromm, além de abordar o aspecto saudável do amor, também problematizou seu lado patológico, apontando para um problema importante que não pode ser ignorado: na sociedade capitalista, o amor está em processo de desintegração, ou ainda, está surgindo um sentimento de falso amor, de pseudoamor, poderíamos acrescentar de amor-espetacularizado. Como isso é possível? Estudioso do capitalismo e de suas implicações sobre a existência e saúde do homem, Fromm acredita que a sociedade ocidental contemporânea possui uma estrutura fortemente marcada pela alienação, pela automatização e pela valorização obsessiva de objetos, que são colocados acima dos homens. Essa estrutura não conduz ao desenvolvimento do amor amadurecido, que satisfaz e realiza os homens. Conduz a formas de pseudoamor e de amor patológico, que resultam em sofrimento.

O amor patológico foi bem abordado na novela *Mulheres Apaixonadas*, pois além de representar situações de ciúme exacerbado e violência conjugal de forma fidedigna, também estimulou mulheres vítimas de crimes passionais a denunciarem seus parceiros. Heloísa era uma mulher ciumenta e possessiva, insegura e desconfiada, e não suportava que nenhuma mulher se aproximasse de seu marido, fantasiando que todas eram suas amantes. Para sentir-se melhor, ela frequentava as reuniões do grupo Mada (Mulheres Que Amam Demais Anônimas), porém isso não evitou que, num momento de descontrole e fúria, fosse internada. Para interpretar Heloísa, a atriz Giulia Gam foi orientada pelo diretor da novela, Ricardo Waddington, a ler o livro de Robin Norwood, *Mulheres Que Amam Demais*, e efetivamente frequentar as reuniões do Mada para melhor compreender as angústias e necessidades das mulheres que procuram o grupo.

As personagens Raquel e Daniel também viviam uma relação patológica de amor. Ele era violento e costumava bater em Raquel com uma raquete de tênis. Raquel não tinha coragem de denunciar o parceiro e acabou fugindo de São Paulo para viver no Rio de Janeiro. Daniel descobriu o seu paradeiro e passou a persegui-la. Apenas com o apoio de Helena, sua melhor amiga e diretora da escola onde trabalhava, Raquel reuniu força e coragem para denunciar o parceiro na Delegacia Especial de Atendimento à Mulher (Deam). Após a denúncia de Raquel, as denúncias de mulheres vítimas de violência doméstica cresceram nas delegacias especializadas de todo o país, sendo que na do Rio de Janeiro, onde, para os espectadores, Raquel esteve, houve um significativo aumento de 40%[22]. A ideia de inserir o tema da violência doméstica na novela partiu da própria atriz que interpretou Raquel, Helena Ranaldi. Ideia abraçada pelo autor, Manoel Carlos, que já pensava em retratar esse tema. Durante as gravações, em agosto de 2003, os atores Helena Ranaldi e Dan Stulbach (Marcos), defensores de penas mais severas para os agressores de mulheres, participaram do lançamento do Programa de Prevenção, Assistência e Combate à Violência Contra a Mulher. O programa tem por objetivo mudar a lei da violência contra a mulher, tornando-a mais efetiva, aumentando a pena contra agressores e facilitando a identificação desse tipo de crime.

Norma, de *Insensato Coração*, apesar de diferente de Heloísa e Raquel, também vivia um amor patológico. Seduzida e enganada por Léo, ela acabou no presídio, sendo acusada de um crime que não cometeu. Magoada, ela arquitetou um plano de vingança para destruir Léo, mas seu amor não permitiu a concretização. Para a psicanalista Tatiana Ades, Norma era uma típica representante de mulher que ama demais e que se ama de menos. A dependência que tinha de Léo, mesmo sabendo que ele não a amava, a tornava incapaz de viver bem com ela mesma: "as pessoas que amam demais agem por impulso. Norma age emocionalmente e num comportamento de transtorno compulsivo-obsessivo", explica a psicanalista, para quem o tratamento inclui muita terapia[23].

22 Novela Faz Mulher Perder o Medo de Denunciar, *Estadão*.
23 J. Crem, Personagem de Glória Pires Mostra Amor Patológico na TV, *Terra*.

A análise sobre a representação verossímil do amor nas novelas revela o aspecto contraditório, inerente a essas produções televisivas. Inspirada em várias expressões do sentimento amoroso, tanto da mitologia como da literatura, as novelas constroem narrativas fidedignas que destacam a importância do amor na vida das pessoas. Também incentivam os espectadores a terem atitudes saudáveis em relação ao amor, existindo, assim, uma pretensão pedagógica de educação social. Contudo, enquanto imagens espetaculares da indústria cultural, as novelas veiculam a ideia equivocada de que o amor é sempre uma dádiva e uma recompensa. Mesmo que os casais passem por problemas e dificuldades até poderem viver seu amor (como no mito de Eros e Psiquê), as novelas não abordam o ato de amar como uma construção, como um espaço da ação humana. Por isso, apenas os bons e justos, apenas os "mocinhos" merecem o amor. Os "vilões" são condenados a padecerem sozinhos e não serem amados. Talvez o único exemplo de um vilão feliz no amor seja o de Maria de Fátima, que viveu "feliz para sempre" ao lado de César, seu grande amor e cúmplice de seus golpes, em *Vale Tudo*. Nas novelas, os amantes são sempre representados numa posição passiva, contemplados com o amor e dele obtendo satisfação imediata e gozo instantâneo. Trata-se de uma representação que revela a fluidez e a liquidez das relações amorosas, consequência do esvaziamento das pessoas na sociedade do espetáculo.

CENAS DO PRÓXIMO CAPÍTULO

- ◆ Qual o lugar da família na formação e amadurecimento, sobretudo psíquico, do indivíduo?
- ◆ Quais imagens as novelas veiculam sobre a família?
- ◆ Quais sentimentos e situações são possíveis *em família*?

CAPÍTULO 4

TUDO É POSSÍVEL "EM FAMÍLIA"
(MÚLTIPLAS IMAGENS FIDEDIGNAS)

*Duas irmãs, Chica e Selma, casaram-se com dois irmãos,
Ramiro e Itamar. Chica e Ramiro têm três filhos, Clara,
Felipe e Helena. Selma e Itamar têm apenas Laerte.
Os primos-irmãos, Helena e Laerte, são apaixonados
desde a infância e querem se casar. Por conta de um
ciúme doentio de Helena, Laerte esfaqueia Virgílio,
amigo de infância, e o enterra ainda vivo. Por tal crime,
Laerte é preso. Virgílio sobrevive e se casa com Helena,
com quem tem uma filha, Luiza. 24 anos depois,
Luiza e Laerte se apaixonam. De forma fidedigna,
a novela revelou que todos os sentimentos, bons e ruins,
estão presentes em família.*

Etimologicamente, o termo "família" é originário do latim
famulus e significa o conjunto dos escravos de uma casa ou,
ainda, todas as pessoas ligadas a qualquer grande personalidade. No Brasil, o termo passou a ser utilizado a partir da
colonização portuguesa, no século XVI. O fato é que, antes
mesmo de o homem ser um *homo sapiens*, foi em grupo que
ele encontrou as condições necessárias e imprescindíveis

para a sua sobrevivência. Esse grupamento, que ao longo do tempo tem alterado suas configurações, mas que permanece com sua função tradicional, é o que atualmente chamamos de família. Enquanto uma instituição social fundamental e da qual dependem todas as demais instituições da sociedade, a família é o espaço de formação da personalidade e da incorporação de traços culturais e valores humanitários. Na família, são estruturados os mundos simbólicos individuais e estabelecidos padrões de relacionamentos, que vão ser reproduzidos em outros setores da sociedade.

Desde o primeiro censo realizado no Brasil, em 1872, existiu a preocupação de tentar mapear a constituição familiar da população. Desde então, o questionário utilizado para a pesquisa vem se alterando a cada censo, na tentativa de melhor capturar como as famílias estão estruturadas. Todo esse interesse não é apenas histórico-sociológico, mas também político-econômico. A família está no centro do debate político, pois se transformou no público-alvo de políticas públicas, especialmente dos programas de transferência de renda, na tentativa de combater a pobreza e erradicar a miséria. Atingir esse objetivo não é tarefa das mais simples; mesmo com a implantação de vários programas, ainda é grande o número de pessoas sem alimentação, casa, educação e saúde dignas.

O censo demográfico de 2010 expandiu o leque de perguntas, com o intuito de saber, com mais precisão, como são os arranjos familiares da população brasileira. O resultado revelou que as famílias estão cada vez mais heterogêneas e liberais em seus costumes e modos de vida. Apesar de a família nuclear (pai, mãe e filhos) ainda ser uma realidade em muitos lares, o número de divórcios, de reconstituição familiar e de famílias consensuais aumentou. Atualmente, as famílias possuem várias estruturas: mães solteiras com filhos, casais no segundo casamento que agregam filhos do primeiro e do atual, casais com filhos adotivos. As famílias unipessoais (formadas por apenas uma pessoa, solteira ou viúva) também se tornaram mais comuns, assim como aumentaram as famílias homoafetivas, com ou sem filhos, tanto adotivos como aqueles que são fruto da inseminação artificial e das barrigas solidárias. Aumentaram, ainda, as famílias formadas por mais de duas gerações, não raro avós, mães e netos, e aquelas que consideram como um membro da família os animais de estimação. Com a maior participação da mulher no mercado de trabalho e do controle da natalidade, o número de casais sem filhos também teve uma alta, comparado ao censo anterior. Dessa forma, as famílias que tinham como eixo formador a sexualidade, o casamento e a reprodução estão praticamente superadas. Outra mudança significativa é com relação ao papel masculino nas famílias. Atualmente, as mulheres ou são responsáveis ou dividem o sustento econômico da família, partilhando com os homens os mesmos direitos e obrigações. Não raro, os filhos mais velhos também dividem com os pais a sobrevivência econômica da família. Tais condições levaram os pais/homens a perderem seu papel de "chefes" e únicos provedores da casa.

Nas novelas, todas essas estruturas familiares têm espaço, desde a tradicional família nuclear até as modernas famílias homoafetivas, passando por famílias formadas por um genitor e seus filhos, por várias gerações da família, ou ainda por amigos sem laços sanguíneos. Até mesmo a atual concepção, que considera os animais domésticos como integrantes da família, surge nas novelas. Em *Amor à Vida*, Bernarda e Lutero adotaram a cadelinha Jolie, e Paloma presenteou a filha com o cão Aladin. Em *Pega Pega*, Sherlock, um cãozinho, tinha lugar de destaque na família formada por Elza e Prazeres e o sobrinho Júlio. O mesmo ocorria com Emily, a cachorrinha mimada de Leonor, em *Salve Jorge*. Além de animais domésticos, algumas novelas revelaram a proximidade entre pessoas e animais típicos do mundo rural. Em *Êta Mundo Bom*, Candinho tinha como conselheiro seu burro de estimação, Policarpo, e Mafalda adorava sua porquinha, Lili. Em *Flor do Caribe*, Candinho adotou uma cabra, a Ariana, e em *Alma Gêmea*, Mirna trocava confidências com sua pata, Doralice. E a galinha Felipa era a psicóloga de Alexia/Josimara, em *Salve-se Quem Puder*. Animais mais exóticos também apareceram nas novelas, como a jiboia Serafina, de Shirley, de *Em Família*. Esses animais, e não apenas os domésticos, ocupam lugar especial nas narrativas, o que já é revelado pelo fato de terem nomes "humanos", estando presentes em momentos de angústia e alegria de seus donos, que estabelecem uma convivência e um diálogo cúmplice com suas mascotes. Os animais são verdadeiros companheiros, desempenhando função terapêutica no ambiente familiar, qualidade representada de forma fidedigna nas novelas.

Em *Salve Jorge*, Gloria Perez revelou, com precisão, a estrutura típica das famílias de comunidades carentes. Lucimar criou sua filha, Morena, sozinha. Ela engravidou aos quinze anos e foi abandonada pelo namorado. A mesma história se repetiu com Morena que, ajudada pela mãe, criava o pequeno Júnior. Os três viviam juntos numa casa no Complexo do Alemão, sem a presença da figura paterna. Gravidez na adolescência é um dos grandes problemas das famílias que vivem em comunidades carentes. Por diversos fatores, o que inclui a falta de recursos econômicos e de maturidade emocional e o envolvimento com o tráfico de drogas, dificilmente os pais assumem os filhos, e se o fazem é apenas para o pagamento da pensão, não participando efetivamente da criação e educação. Diante dessa realidade, no Complexo do Alemão real ou ficcional de Gloria Perez as famílias mais comuns são as formadas por avó, mãe e neto ou neta.

Outras novelas apresentaram as mais variadas configurações familiares. Na grande família de Jorge Tufão e Carminha, em *Avenida Brasil*, todos conviviam na mesma casa:

Leleco e Muricy (pais de Tufão), Ivana (irmã de Tufão) e seu marido (Max), Ágata (filha de Carminha) e Jorginho (filho de Carminha e Max). Cadinho vivia com suas três mulheres e seus três filhos, cada um de uma mãe. Diógenes e Silas criaram seus filhos sozinhos. O mesmo fez Monalisa, adotando Iran, que com Olenka, melhor amiga de Monalisa, formavam uma família. Em *Império*, o travesti Xana Summer, Naná, Antonio e o menino Luciano formavam uma família. O mesmo ocorria com Cora e seus dois sobrinhos, Cristina e Elivaldo, mais a esposa e o filho de Elivaldo. Nesses exemplos, é inexistente o padrão da família nuclear.

Muitas vezes, as novelas reforçam o mito da família ideal. Na fala de várias personagens e em várias situações, ela surge como fonte de amor, proteção e solidariedade. Nas situações de perigo, tristeza e dúvida, a família surge como um porto seguro, para acolher, amparar e proporcionar bem-estar. Ela é espaço de refúgio, oferecendo consolo, amparo e esperança nos momentos tristes, apoio e solidariedade nas dificuldades e alegria nos momentos de confraternização e partilha. No entanto, se a instituição familiar possui aspectos positivos, podendo configurar-se como um espaço saudável de proteção e carinho, de forma contraditória e complementar também pode ser um espaço autoritário e castrador, onde os integrantes estão sujeitos à internalização da submissão e podem sofrer os mais variados tipos de abusos. A família se revela como uma instituição com características conflitivas e contraditórias, podendo ser um espaço de aconchego, amor, amizade e solidariedade, mas também de medo, abandono, desprezo, ódio e intrigas. Esses aspectos negativos, nem sempre assumidos, surgem de forma latente nas novelas, desmitificando a ideia de que as famílias são sempre fontes de proteção e amor.

Em *Amor à Vida*, surgiram os mais variados conflitos no seio da rica e poderosa família Khoury, proprietária do Hospital São Magno. Mentira, falsidade, rivalidade, disputas, ódio, traições são os sentimentos que unem e desunem essa família. A grande mesa das refeições, símbolo tradicional da integração e do amor familiar, foi transformada em arena de combate. Todas as mentiras, toda a intolerância e todas as raivas foram expostas em almoços e jantares familiares. De espaço de sociabilidades, a mesa se transformou em espaço de rivalidades. O patriarca (César) desprezava e odiava seu filho (Félix), culpando-o pela morte do primogênito e não aceitando sua homossexualidade. O filho desprezado odiava a irmã (Paloma), preferida do pai, e era capaz de cometer os crimes mais sórdidos, na tentativa de conquistar um espaço no coração do pai e a diretoria do hospital. A mãe (Pilar), após o grave acidente que culminou com a morte do filho primogênito e de um período de depressão profunda, abandonou a profissão e dedicou-se à família, mantendo uma relação de submissão com o marido. Sobre ela pesou toda a responsabilidade de criação dos filhos, mesmo de Paloma, fruto da relação extraconjugal de César. Quando a homossexualidade de Félix foi abertamente revelada, o patriarca culpou a mulher pelo seu caráter efeminado. Trata-se de uma concepção tradicional de família: o homem como único provedor e a mulher como única responsável pela organização da casa e criação dos filhos. Os sentimentos que uniam essa família eram o ódio e o desprezo que, ao longo da narrativa, foram substituídos pelo amor e respeito.

Antes de ir ao ar, o diretor de núcleo da novela, Wolf Maia, esclareceu que a novela, centrada nas relações sociais e trabalhistas do Hospital São Magno, revelaria as várias facetas da cidade de São Paulo. Teria destaque a população, marcada pela heterogeneidade étnica e pluralidade cultural, e a arquitetura e estrutura urbanística, que difere de um bairro para o outro. O resultado não foi bem esse; pouco o espectador conheceu dos bairros de São Paulo, pois a narrativa acabou centralizada nas relações familiares. O título provisório da novela era *Em Nome do Pai*. Pelo desenrolar da história de cada personagem, pode-se afirmar que o título provisório era mais apropriado, pois toda a trama gira em torno das atitudes de Félix, na tentativa de conquistar o respeito e depois o amor do pai. Ou seja, ele era capaz de fazer tudo, "em nome do pai".

O provável título faz referência (de forma proposital ou não) ao conceito psicanalítico de Jacques Lacan. A categoria Nome-do-Pai foi criada por Lacan, em 1953, para designar o significante da função paterna. A sua criação está diretamente associada à experiência pessoal de Lacan tanto como filho (que viu seu pai ser esmagado pela tirania de seu avô) como ao tornar-se pai pela quarta vez. Durante a Ocupação alemã em Paris, na Segunda Guerra, Lacan não pôde dar seu sobrenome à filha, uma vez que a mãe, Sylvia, ainda era casada oficialmente com o seu primeiro marido, Georges Bataille. Assim, mesmo sendo reconhecida filha de Lacan, a menina foi registrada com o nome de Judith Sophie Bataille. A partir de sua história pessoal, Lacan formulou a teoria de que o pai exerce uma função simbólica ao dar seu nome à criança. A partir da nomeação, ele passa a encarnar a lei e permite que a criança adquira a sua identidade[1].

Não muito distante das rivalidades no seio da família Khoury, estavam as da família Medeiros de Mendonça e Albuquerque em *Império*. Já pelo sobrenome percebe-se que ela foi forjada tendo como base o poder, e não o amor. No Brasil, assim como em Portugal, o sobrenome da mãe é o primeiro nos nomes dos filhos, seguido pelo do pai. Maria Marta de Mendonça e Albuquerque era herdeira de uma família ilustre, mas decadente. Para manter o prestígio e poder, ela casou-se com o rico e desconhecido José Alfredo Medeiros. Para essa família, a casa e a empresa eram espaços de disputa e intriga, por dinheiro e poder. De um lado, Maria

---

1 Nome-do-Pai, em E. Roudinesco; M. Plon, *Dicionário de Psicanálise*, p. 541-543.

Marta e José Pedro (o primogênito), de outro, José Alfredo e Maria Clara (a filha preferida do pai). Ao longo da narrativa, a preferida de José Alfredo passa a ser Cristina, filha de Eliane, esposa de Evaldo (irmão de José Alfredo). Eliane e José Alfredo viveram um romance, por isso a paternidade de Cristina era duvidosa; ela tanto poderia ser sobrinha como filha de José Alfredo. Não suportando a possibilidade de ter traído o próprio irmão, José Alfredo resolveu adotar Cristina como sua filha legítima, tornando-a sua herdeira, como os demais filhos. Dona de um caráter forte e determinado, rapidamente Cristina conquistou José Alfredo e tornou-se sua filha favorita, provocando ciúmes nos demais herdeiros e acirrando ainda mais as disputas, tanto pelo poder na empresa Império Joias como pelo amor do pai.

As rivalidades no seio das famílias Khoury e Medeiros de Mendonça e Albuquerque revelam de forma fidedigna como o capitalismo financeiro, dominado pela normatividade neoliberal, faz com que a concorrência, que permeia todas as relações sociais, também se instale no interior das famílias.

Um autor que trabalha recorrentemente com o tema da família é Manoel Carlos, consagrado no horário das nove horas. Todas as suas novelas giram em torno de questões e problemas familiares, por considerar que, tanto na realidade como na ficção, a família possui papel fundamental na vida individual e coletiva. Em 2014, foi exibida sua mais recente autoria, *Em Família*. Por decisão do autor, o título deveria ser iniciado com letra minúscula, sugerindo que no núcleo familiar tudo é possível: amor em família, ciúme em família, inveja, luto, casamento, ódio, competição, todos os sentimentos e atitudes são possíveis. Na novela, todas as personagens estão em família, porque são dois irmãos casados com duas irmãs, estabelecendo laços parentais entre todas as personagens. Os cunhados, amigos e empregados domésticos são agregados, tornando-se integrantes dessa grande família. Diferentemente de outras novelas da Rede

Globo, Manoel Carlos optou por não criar um sobrenome para suas personagens, ou seja, *Em Família* não apresenta um nome de família. A decisão causou certo impacto entre os espectadores, acostumados com os nomes e sobrenomes das personagens. A opção pela ausência de sobrenome revela dois aspectos interessantes. Primeiro, que ao não criar um sobrenome para cada personagem, ele as considera como todas de uma única família, dando sentido ao seu objetivo de relacionar todas as personagens. Segundo, e o mais importante, não tendo sobrenome, essa grande família, fruto da imaginação de Manoel Carlos, pode ser qualquer família, inclusive as inúmeras reais da sociedade brasileira. Apesar de serem todos parentes, o amor e o respeito nem sempre estiveram presentes entre os membros dessa numerosa família. Eles não chegavam a se odiar e nem elaboravam planos destrutivos, como ocorreu em *Amor à Vida* e *Império*, mas os sentimentos de inveja e ciúme, as brigas e disputas eram constantes. A narrativa de *Em Família* estava mais centrada nas angústias e nos problemas cotidianos.

As relações entre os integrantes dessas complexas famílias fictícias colocam a nu muitas questões latentes e comuns, mas que não são assumidas nem reveladas pelas famílias reais. A existência do filho preferido, do ódio e da inveja entre pais e filhos ou entre irmãos são assuntos e sentimentos complexos, difíceis de serem enfrentados e, por isso, raramente são admitidos e muito menos assumidos no seio familiar. As novelas permitem pensar como as relações familiares são permeadas de sentimentos positivos e negativos, formando indivíduos saudáveis ou abalados psiquicamente.

Esse é o caso de Félix em *Amor à Vida*. Sua posição na família era delicada e confusa. Para a mãe, ele simplesmente substituiu o primogênito, como se não possuísse personalidade própria, e para o pai, ele é o culpado pela morte do irmão mais velho. O excesso de proteção da mãe e o abandono por parte do pai abalaram sua estrutura psíquica, transformando-o numa pessoa sem limites, disposta a praticar qualquer crime para ocupar algum lugar no afeto paterno. Somente quando foi amado por Márcia, babá de sua infância, que o acolheu, mesmo sabendo de todas as atrocidades que havia cometido, foi que Félix, finalmente, encontrou sentido em sua vida. Somente sendo amado como ele era (homossexual e com sentimentos perversos), ele se tornou capaz de amar de forma incondicional (inclusive superando os sentimentos ruins em relação à irmã), de construir uma relação amorosa e de conquistar o amor do pai.

Também é o caso de Luzia de *Velho Chico*. Ela foi abandonada ainda bebê numa plantação de algodão e jamais conheceu seus pais biológicos. Apesar de ter sido muito amada pelos pais adotivos, não conseguia superar o abandono primordial, tornando-se uma mulher ardilosa e provocante, que sempre colocou seus desejos em primeiro lugar, não se preocupando com todas as pessoas que fazia sofrer por conta de suas mentiras e omissões. No final da narrativa, ela teve a chance de redenção: assumiu seus erros em benefício da felicidade de sua filha, Olívia. Mas apenas superou o trauma do abandono quando acolheu uma criança, também abandonada numa plantação, como havia sido ela própria. Com esse gesto, também compreendeu o acolhimento amoroso que recebeu da mãe adotiva. A imagem é simbólica. Para a psicanalista Françoise Dolto, que revolucionou o tratamento de crianças, a mãe que abandona um filho nem sempre o faz por ser perversa ou insensível, mas por acreditar que a vida dele será melhor sem ela[2]. Para a sertaneja, abandonar um filho numa plantação é criar a possibilidade para que seja adotado por alguém com melhores recursos. O abandono transforma-se numa alternativa frente à miséria e à fome.

2   Ver A Descoberta da Realidade Requer Muitas Trocas, *As Etapas Decisivas da Infância*.

Ivan, personagem homem transgênero de *A Força do Querer*, também tinha uma relação tensa com a família. A novela destacou a sua difícil trajetória para a mudança de gênero, com o uso de medicamentos hormonais e a cirurgia de retirada dos seios. Ivan sofreu todo tipo de preconceito, sendo, inclusive, vítima de violência física. Porém, a etapa mais difícil foi ser aceito pela família, sobretudo pela mãe, que sempre sonhou em ter uma herdeira de seus talentos no mundo da moda. Mesmo frente a tantas adversidades (mas contando com o fiel apoio de sua prima, Simone, e da amiga travesti, Elis/Nonato), Ivan conseguiu ter seu desejo respeitado e, principalmente, conquistar o amor da mãe, como filho.

Mas nenhuma personagem sofreu mais os efeitos devastadores de uma mãe do que Ana, de *A Vida da Gente*. A narcisista Eva preteriu a filha mais velha, Manuela, por ter nascido com uma deficiência nas pernas, e considerava como sua única filha a caçula, Ana. Manuela cresceu longe dos olhos da mãe, sendo acolhida na cozinha por Maria. Profissão que também irá seguir, tornando-se uma cozinheira de sucesso. Ana cresceu à sombra da mãe, tornando-se uma campeã de tênis. Na verdade, Eva jamais considerou Ana como uma pessoa de desejos, porém como um objeto para realizar os seus próprios desejos. Ela não tinha sensibilidade para perceber os momentos de angústias e dúvidas da filha. Para o narcisista, o outro só é importante na medida em que corresponde às suas expectativas, na medida em que satisfaz as suas necessidades e realiza os seus desejos. Ele possui uma profunda necessidade de autoafirmação às custas da invalidação e da desvalorização do outro, afirmando sua pretensa superioridade. Vítima de sua mãe, Ana chegou a questionar-se se mesmo o tênis seria a realização de um desejo seu ou de sua mãe. A sabedoria, para conviver com a narcisista Eva, parte de sua mãe, Iná, que orienta as netas a não a abandonar, apesar de todos os problemas que provoca, mas conviverem com uma relativa distância, para não se ferirem. Contudo, os "espinhos" de Eva são longos e agudos demais[3]; ao final da narrativa, ela está sozinha.

Além de Ana e Manuela, Fernanda, Rodrigo e Tiago também sofreram o abandono dos pais. Vivendo apenas para o trabalho e para ser reconhecido como o melhor advogado da cidade de Porto Alegre, Jonas não participou do crescimento e amadurecimento dos filhos, Fernanda e Rodrigo. Eles cresceram tendo todo o conforto material, mas sozinhos e abandonados. Eles apenas conseguiram superar o abandono, quando viveram a experiência de cuidar de alguém. Rodrigo, ao assumir a paternidade de Júlia, e Fernanda, quando decidiu conviver com o filho adolescente de seu namorado falecido. Já Tiago, filho de Jonas e de sua terceira esposa, Cristiane, chegou a desenvolver distúrbios de ansiedade, fruto do abandono dos pais.

As novelas, mesmo criando ilusões, inevitavelmente são obrigadas a capturar as contradições dos processos e das relações psíquico-afetivas das experiências familiares. A ideia de famílias permanentemente felizes é um estereótipo, que desaparece na análise dos processos reais. Um estereótipo que se liquefaz, mostrando, ao mesmo tempo, a importância de tal estruturação psíquico-social e seu processo de degradação na vida cotidiana ancorada nas relações produzidas pela normatividade neoliberal.

FAMÍLIA: UMA VISÃO SOCIOPSICANALÍTICA

Além de ser a base da saúde e da doença e de todo o arsenal emocional e psíquico, a família também é considerada, por muitos pesquisadores, como a principal responsável pela formação de indivíduos bem adaptados à sociedade,

3 O dilema do porco-espinho é uma metáfora criada, em 1851, pelo filósofo alemão Arthur Schopenhauer (1788-1860) para ilustrar o problema da convivência humana.

às exigências sociais e culturais. Exigências que, muitas vezes, não correspondem às expectativas individuais. Contudo, se ser capaz de adaptar-se bem à sociedade é condição de sobrevivência, a inadaptação pode revelar um mérito pessoal, levando as pessoas a criarem caminhos alternativos, mesmo assim autênticos, para manter suas integridades psíquicas.

Para Wilhelm Reich, representante do freudo-marxismo, o capitalismo alterou a função da família[4]. Antes, ela era uma unidade econômica: entre as classes mais abastadas, era responsável pela transmissão do patrimônio (de geração a geração), e nas classes mais modestas, envolvidas com as atividades rurais e artesanais urbanas, era a unidade produtiva. Com o capitalismo, essa função econômica foi substituída pela política. A tarefa principal da família converteu-se em formular e transmitir ideologias e estruturas conservadoras. Seu método de ação é a repressão sexual, produzindo uma personalidade servil e dócil, que constitui o solo psíquico favorável para a aceitação ulterior da própria ideologia. Cada integrante ideologizado da família irá formar uma nova família nos mesmos parâmetros, como transmissora de ideologia.

Próximo das ideias de Reich, Fromm defende a ideia de que a família é a agência psíquica da sociedade, tendo por missão transmitir as exigências sociais para a criança em crescimento. Ela cumpre essa missão de duas maneiras.

---

4   Ver *A Revolução Sexual*. Freudo-marxismo é uma designação que agrega as perspectivas filosóficas de Karl Marx à teoria psicanalítica de Sigmund Freud, que exerceu forte influência nas filosofias alemã e francesa, na teoria crítica, na psicanálise lacaniana e no pós-estruturalismo. O início da teorização freudo-marxista ocorreu nos anos 1920, na Alemanha e União Soviética, consolidando-se nos anos 1930, sobretudo entre os pesquisadores do Instituto de Pesquisa Social. Vários pensadores aproximaram-se dessa corrente, dentre eles, Siegfried Bernfeld, Otto Fenichel, William Reich, Erich Fromm, Herbert Marcuse e Max Horkheimer.

A primeira, e mais importante, é a influência do caráter dos pais na formação do caráter da criança, a segunda está relacionada aos métodos educacionais. Ambas procuram moldar o caráter da criança numa direção socialmente desejável. O objetivo desse processo de socialização é diminuir ao máximo a distância entre o caráter individual, específico da pessoa, e o caráter social[5]. A diminuição dessa distância faz com que o indivíduo tenha a ilusão de que, ao fazer algo, está tendo uma atitude autônoma, não percebendo que, na verdade, está sendo influenciado pela ideologia que o conduz e interfere em seus pensamentos e ações. O conceito de ideologia utilizado por Fromm não possui o significado mais recorrente de um conjunto de ideias. Ele utiliza o conceito em seu sentido sociológico, considerando a ideologia como ideias de um grupo ou classe social, que são disseminadas para toda a sociedade como se pertencessem a todos. De acordo com Marx, a ideologia é uma representação racionalizada da realidade que a classe dominante tem e faz do mundo para exercer e manter seu poder[6]. Nessa

5   Fromm define o caráter social como o elemento imprescindível ao funcionamento da sociedade, o núcleo da estrutura de caráter partilhada pela maioria daqueles que integram a mesma cultura, a mesma condição social e a mesma classe. Trata-se de canalizar a energia numa mesma direção, as motivações são as mesmas em todas as pessoas, que também são receptivas às mesmas ideias e ideais. Mas não apenas isso, o caráter social é a base de onde as ideias retiram sua força e atração. Ver *Meu Encontro Com Marx e Freud*.

6   Marx não criou o termo "ideologia", que foi literalmente inventado por um filósofo francês, Antoine Destutt de Tracy, discípulo dos enciclopedistas, ao publicar, em 1801, um livro denominado *Elementos da Ideologia*. Para Destutt, ideologia era um subcapítulo da zoologia, sendo definida como o estudo científico das ideias compreendidas como o resultado da interação entre o organismo vivo e a natureza. Foi Napoleão quem utilizou o termo "ideologia" e "ideólogos" de forma pejorativa, num discurso ao Conselho de Estado, em 1812, referindo-se aos ex-partidários. Em *A Ideologia Alemã* (1936), Marx conserva a forma como Napoleão utilizou o termo, ou seja, a inversão das relações entre as ideias e o real na consciência social.

racionalização, são articulados elementos verdadeiros e falsos, que visam a legitimidade junto ao senso comum da maioria da população. É também nas manifestações ideológicas que os homens podem construir sua consciência, como falsa consciência social.

Com base nos estudos de Siegfried Bernfeld e Otto Fenichel, Rouanet explica que é na família que a ideologia se internaliza, se torna intrapsíquica, fixando-se nas consciências individuais[7]. A partir de então, passa a existir uma correspondência entre a normatividade psíquica e a social, entre a autoridade interna e externa, entre o que é social e psiquicamente exigido ou proibido. Não há conflito entre as regras psíquicas e as externas ao indivíduo, que passa a agir de acordo com as normas e regras sociais, acreditando que está agindo de acordo com suas ideias. Nesse sentido, tal submissão aparece na consciência como bom senso, como a melhor coisa a ser feita, e não como um mecanismo que molda e controla seu comportamento. Esse processo é conscientemente percebido como o resultado de sua liberdade de escolha.

Para os freudo-marxistas, as mudanças pelas quais as famílias passam ao longo do tempo, notadamente com

7   Em 1926, em Berlim, durante a realização de uma reunião da *Verein Sozialistischer Aertze* (Associação dos Médicos Socialistas), alguns pensadores externaram uma inquietação recorrente: como é possível que a maioria oprimida aceite sua opressão pela minoria? Entre esses pensadores estavam os psicanalistas Siegfried Bernfeld e Otto Fenichel. Para eles, a resposta era evidente; a ação contrária aos interesses de classe é motivada pela influência da ideologia dominante. Fenichel defendeu a hipótese de que as diversas ações ideológicas modificam o sistema psíquico do indivíduo, de forma a internalizar os valores da moral dominante. Esses efeitos, constatou Fenichel, eram mais contundentes nas classes mais baixas, porque elas teriam menos possibilidades, devido à sua educação deficitária, em libertar-se dos efeitos da repressão ideológica. Concordando com Fenichel, Bernfeld defendia que a ideologia possui um grande arsenal capaz de imobilizar forças contrárias. Ver S.P. Rouanet, *Teoria Crítica e Psicanálise*.

relação aos seus integrantes e números de filhos, são apenas aparentes. Independentemente de sua estrutura, a família mantém, sempre, a sua principal função de agência psicológica da sociedade, responsável pela interiorização da ideologia, modelando o caráter individual de acordo com as exigências do caráter social. Mas não é apenas a família que possui essa função. A escola, a igreja, os diversos veículos de informação e comunicação também cumprem seu papel de divulgadores e legitimadores da ideologia, ao mesmo tempo que reforçam determinado caráter social. Entretanto, a família é o primeiro e principal veículo ideológico, pois ela é responsável em gerar o caráter, preparando o solo para a recepção da ideologia difundida pelos outros veículos, cuja ação reforça e consolida o caráter social, já criado pela família.

A partir da preocupação em compreender o processo de interiorização da ideologia, muitos pensadores se depararam com outra questão; a relação entre família e autoridade. Sobre esse tema destacam-se dois estudos. O primeiro, fruto de longa pesquisa empírica em várias cidades europeias, foi lançado em 1936 e intitulado *Autoridade e Família*, sob direção de Max Horkheimer e Erich Fromm[8]. Partindo das teorias do freudo-marxismo, os autores buscaram integrar o nível macro (produção capitalista) com o nível micro (indivíduo sexualmente reprimido), intermediados pela estrutura familiar autoritária. Tendo como objetivo obter informações sobre a estrutura de personalidade da classe operária europeia, os autores concluíram que ela havia perdido a consciência de sua missão histórica, submetendo-se às formas de dominação e exploração autoritárias, contrárias ao seu interesse emancipatório. O segundo estudo foi realizado por Jürgen

8 No Brasil, o texto integra a coletânea *Teoria Crítica 1*, publicada pela Editora Perspectiva e Edusp em 1990, que reúne os principais ensaios e escritos de Max Horkheimer produzidos ao longo dos anos 1930.

Habermas, Ludwig von Friedeburg, Dolf Oehler e Friedrich Weltz entre os estudantes universitários de Frankfurt e Berlim. O resultado foi a obra *Student und Politik* (Estudante e Política), de 1961[9]. O objetivo era analisar o potencial autoritário e/ou democrático da nova geração estudantil do pós-guerra. Essa geração havia sido educada por pais autoritários, nazistas ou simpatizantes, criada durante a guerra e confrontada com a ascensão de regimes liberais-democráticos. A pesquisa acabou por revelar uma síndrome autoritária latente na maioria dos entrevistados. Ou seja, os dois estudos revelaram que as tendências autoritárias, tanto em operários como em estudantes, possuíam raízes no ambiente familiar[10].

É possível encontrar nas novelas a representação desses elementos de introjeção de valores autoritários ainda no seio familiar. A relação de César Khoury com os filhos, em *Amor à Vida*, era baseada na autoridade e na submissão. Ele não aceitava ser contestado, muito menos contrariado. Suas ideias e princípios deviam ser simplesmente aceitos e seguidos por todos os familiares, inclusive pelos agregados (a nora e sua mãe e a sogra). Félix, ao conviver com o pai e na tentativa de conquistá-lo, sufocou seu lado mais livre e criativo, reproduzindo o comportamento autoritário do pai, tanto com sua mulher e seu filho como com os funcionários do Hospital San Magno.

Para Fromm, em *Psicanálise da Sociedade Contemporânea*, mesmo tendo interiorizado as ordens e proibições da família, que podem culminar em uma aceitação passiva frente à autoridade, há momentos em que os indivíduos sentem

9 Originalmente a obra foi intitulada *Student und Politik: Eine soziologische Untersuchung zum politischen Bewußtsein Frankfurter Studenten* (Estudante e Política: Uma Investigação Sociológica Sobre a Consciência Política dos Estudantes de Frankfurt), ainda sem tradução para o português.

10 Ver S.P. Rouanet, op. cit.

uma profunda necessidade de "ouvir" sua "consciência humanista", que se coloca em oposição à voz autoritária externa. A "consciência humanista" é uma "voz interior" saudável, que comunica ao indivíduo o que é bom para o seu crescimento e desenvolvimento. Muitas pessoas desobedecem às ordens impostas, questionando e criticando as estruturas autoritárias. Essas pessoas que ouvem sua consciência humanista e criticam a voz autoritária exterior acabam por formular projetos onde a liberdade é privilegiada, superando os princípios de moralidade baseados na obediência.

Algumas personagens de novelas revelaram a existência dessas "vozes interiores", que os faziam posicionar-se contra o autoritarismo no seio familiar. Esse foi o caso de Jonathan Khoury, filho de Félix e neto de César em *Amor à Vida*, que enfrentou o autoritarismo do pai e do avô para viver o sonho de tornar-se arquiteto, ao invés de seguir a carreira de médico e tornar-se presidente do Hospital San Magno. Luiza, de *Em Família*, também enfrentou toda a família para casar-se com Laerte, primo em segundo grau e primeiro namorado de sua mãe. Maria Tereza, Martim e Miguel, em *Velho Chico*, não se curvaram aos mandonismos dos coronéis Afrânio e Carlos Eduardo, escolhendo seus próprios caminhos na profissão e nas relações amorosas. Solange, da novela *Fina Estampa*, contrariou o pai autoritário e violento e construiu uma carreira de sucesso como cantora e dançarina de funk.

A representação de famílias, comparada às do amor e do trabalho (que será analisada em capítulo vindouro), é a mais fidedigna nas novelas, pois além de abordar a sua importância para o indivíduo (tanto em relação ao seu crescimento e seu amadurecimento, como em relação à sua saúde e sua capacidade de amar), também contempla os diversos sentimentos patológicos que podem estar presentes nas relações familiares. As novelas também abordam a principal função da família enquanto agência psíquica da sociedade, na qual os indivíduos aprendem formas de pensar e de comportamento.

CENAS DO PRÓXIMO CAPÍTULO

- Por que a personagem do coronel é *o astro* nas novelas?
- O que essa presença constante revela sobre a psicologia dos brasileiros?

CAPÍTULO 5

CORONEL: "O ASTRO" DAS NOVELAS
(IMAGENS ESPETACULARES DESVELANDO A SUBJETIVIDADE)

Após dar um golpe na igreja de uma pequena cidade do interior, ser preso e aprender truques ilusionistas na penitenciária, Herculano Quintanilha tornou-se o diretor de um importante grupo empresarial. Acusado de cometer fraudes, ele fugiu para um país da América Latina governado por uma ditadura, tornando-se o guru e o conselheiro do presidente. Apesar dos atos inescrupulosos, oportunistas e manipuladores e das tendências autoritárias, Herculano conquistou o público e tornou-se o astro da novela.

Personagens com tendências autoritárias são recorrentes nas novelas. Algumas vezes, elas assumem o papel de antagonistas e são associadas à desonestidade, representando o mal a ser combatido pelos protagonistas, criando um profundo sentimento de antipatia no público, tornando-se os vilões da história. Outras vezes, as personagens com tendências autoritárias, mesmo tendo atitudes agressivas e impondo a obediência, são boas e honestas, chegando a ser idolatradas, apesar do medo que causam.

Nenhuma personagem autoritária é mais recorrente do que o coronel, que conquistou um lugar na história das novelas e na memória dos espectadores, sendo lembrado com certo afeto e saudosismo. Esse é o caso de Sinhozinho Malta de *Roque Santeiro*. Com seu chocalhar de pulseiras e o seu "tô certo ou tô errado?", Sinhozinho Malta possuía um ar ora descontraído e brincalhão ora ameaçador, que cativou os espectadores. A sua boa receptividade junto ao público "apagou" o protagonismo de Roque Santeiro, que acabou por assumir um papel secundário. Alterou, também, o final da novela e os destinos das personagens. Sinhozinho Malta e a viúva Porcina viveram "felizes para sempre", destino de inúmeros casais apaixonados das novelas. Já Roque Santeiro, que deveria ter sido o herói da narrativa e colocado fim ao mito construído em torno de seu nome e de sua história, abandonou a fictícia cidade de Asa Branca e seu povo, que permaneceu acreditando, de forma alienada, nos milagres de seu santo. A reportagem publicada na revista *Doçura*, de novembro de 1985, sintetiza muito bem o carisma exercido por Sinhozinho Malta:

> A história de Lima Duarte se confunde com a da própria televisão brasileira, onde é presença constante há 35 anos, vivendo heróis, vilões e até mesmo um galã, o Salviano Lisboa de *Pecado Capital*. Mas, nunca antes, até mesmo com o controvertido Zeca Diabo, de *O Bem-Amado*, ele conquistou tantos e de forma tão arrebatadora, como agora, encarnando o patético e amoral sinhozinho Malta, de *Roque Santeiro*.[1]

A preferência dos espectadores por uma personagem "amoral", inescrupulosa e corrupta, que, não raro, utilizava de violência para atingir seus objetivos, revelou certa predisposição da população brasileira em comungar com valores de tendência autoritária. Esse posicionamento torna-se ainda

1   S. Barros, O Vilão Que Nós Amamos, *Doçura*, p. 70-72.

mais importante se for considerado que os anos 1980 foram decisivos para a retomada da democracia no país. Naquele momento, a sociedade civil se organizou em torno do movimento Diretas Já, exigindo a convocação de eleições diretas para presidente, a elaboração da uma nova Constituição e o fim do regime militar. O principal evento foi um comício que ocorreu na praça da Sé, em janeiro de 1984, reunindo várias lideranças políticas, cantores, artistas e intelectuais engajados na causa. O movimento agregou diversos setores da sociedade brasileira, além de partidos políticos de oposição ao regime ditatorial, lideranças sindicais, civis, estudantis e jornalísticas. Ao todo, foram mais de 32 comícios realizados entre março de 1983 e abril de 1984, em várias cidades do país. O movimento Diretas Já teve grande importância no processo de redemocratização do país, com o retorno de presidentes civis (em 1985), a aprovação de uma nova Constituição Federal (em 1988) e eleições diretas para presidente (em 1989).

Nesse ambiente de avanço da democracia, representado na novela por Roque Santeiro, o sucesso de Sinhozinho Malta foi inusitado e inesperado, revelando aspectos importantes da subjetividade do povo brasileiro. Revela-se um paradoxo entre a vivência explorada e oprimida da maioria da população, o que poderia levá-la à contestação, e a adoção, por grande parte dela, de valores e posicionamentos mais reacionários. Esse não é um fenômeno raro, uma vez que faz parte dos mecanismos de dominação. Os grupos, camadas e classes sociais, de todas as épocas e sociedades, adquirem "legitimidade" em suas dominações através dos elementos que compõem a subjetividade dos grupos, camadas e classes sociais que sofrem a dominação. Por serem mais fortes econômica, social e politicamente, as classes dominantes são mais fortes na dominação do aparelho do Estado (e, portanto, dos organismos de repressão) e, também, na elaboração da moral, da religião, do direito, enfim, dos elementos importantes mediados entre as classes pela ideologia, que, por sua vez, se adapta à estrutura psíquica de cada indivíduo. É possível admitir para cada uma das estruturas psíquicas individuais elementos comuns a todas elas, o que permite uma ação homogeneizadora da ideologia dominante, de seus códigos e valores os mais diversos. Nesse sentido, considerando o caso de *Roque Santeiro*, é necessário destacar a distância que muitas vezes existe entre a intenção do autor em denunciar as práticas coronelistas, com o intuito de superá-las, e a admiração do público por essas personagens autoritárias. É como se a personagem escapasse de seu próprio autor, estabelecendo uma relação direta com os espectadores.

Na história das novelas brasileiras, o ator Lima Duarte foi o que mais representou o papel de coronel. Além de Sinhozinho Malta, ele atuou como Murilo Pontes em *Pedra Sobre Pedra*, major Bentes em *Fera Ferida*, Ildásio Junqueira em *O Fim do Mundo*, novamente Murilo Pontes, com participação pontual, em *A Indomada*, e Max Martinez em *Araguaia*. Outros coronéis, representados por outros atores, também se destacaram, caso de José Inocêncio em *Renascer*, de Zico Rosado e Tibério Vilar em *Saramandaia*, de Boanerges e Justino em *Cabocla*, de Ferreira em *Sinhá Moça*, de Jacinto e Afrânio de Sá Ribeiro e de Carlos Eduardo Cavalcanti, três gerações do coronel Saruê, em *Velho Chico*, e uma enorme galeria de coronéis em *Gabriela*. Essa representação recorrente de coronéis está associada a aspectos da história do país.

Em 1831, foi criada a Guarda Nacional para substituir o Exército, uma vez que os regentes imperiais não confiavam nos oficiais militares. Apenas os homens de posses poderiam participar da Guarda Nacional, pois os seus títulos (tenente, capitão, major, tenente-coronel e coronel – o posto mais alto) eram vendidos por alto preço pelo governo imperial. Dessa maneira, os grandes proprietários de terras e de escravos, de diferentes regiões brasileiras, que já possuíam grande poder econômico, por comprarem os títulos da Guarda Nacional, sobretudo o de coronel, passaram a ter autoridade militar e poder político, formando exércitos particulares para defender suas propriedades e interesses. Durante o Segundo Império (1840-1889) e a Primeira República (1889-1930), os coronéis acentuaram seu poder local, exercendo o denominado mandonismo político. Em 1922, a Guarda Nacional foi extinta, contudo os grandes latifundiários continuaram a ser chamados de coronéis, mesmo sem ter a patente militar, e mantiveram seu poder econômico e político.

Os coronéis não eram apenas os donos da terra, das construções e dos equipamentos; possuíam também enorme influência sobre todas as pessoas que viviam em sua grande propriedade, fossem livres ou escravas. Autoritários e severos, eles decidiam sobre o destino de todos os membros da família, dos escravos e agregados e, após a abolição da escravatura, em 1888, dos trabalhadores livres. Esse poder não marcou apenas as regiões Nordeste e Sudeste do país, onde existia o maior número de latifúndios destinados à monocultura agrícola. No Rio Grande do Sul havia muitas estâncias para a criação de gado e, no Paraná, as fazendas de invernagem e plantio de mate. Nesses latifúndios, o poder dos proprietários também era incontestável.

Os coronéis mantinham seu poder devido a um sistema de dominação pessoal. Como era praticamente impossível, de acordo com as leis brasileiras, existirem pequenos proprietários, os coronéis estabeleceram uma política de favores com as pessoas mais pobres. Aquelas que não trabalhassem diretamente para eles, tinham permissão para fazer uma pequena plantação ou criar animais para o próprio sustento dentro das grandes fazendas dos coronéis, mediante o compromisso de prestarem algum favor, como prova de sua lealdade. Normalmente, esse favor era votar no coronel ou em quem ele indicasse. Até mesmo os analfabetos aprendiam a assinar o próprio nome apenas para se tornarem eleitores e cumprirem com sua lealdade.

O coronel se comportava como se a lei fosse dele e como se todos os instrumentos legais fossem seus: o delegado, o juiz, o escrivão, os eleitores, os votos, as urnas, enfim, tudo obedecia ao seu comando. Inserido numa rede de relações pessoais, o coronel garantia o controle político numa vasta área; o seu "curral eleitoral". Nesse sentido, as eleições eram apenas mais um momento em que ele demonstrava seu poder, numa rede de favores e obrigações. A "verdade das urnas" apenas legitimava os mais fortes e mais influentes. Esse sistema de influências e favores era comum em todo o Brasil, formando um sólido sistema oligárquico de poder, que levou à Presidência da República apenas os candidatos apoiados pelos coronéis. Os candidatos vitoriosos, por sua vez, governavam de acordo com os interesses do grupo que os colocavam no poder. Apesar de em 1930, com o fim da denominada República Velha, o poder dos coronéis ter sido posto em xeque, eles ainda existem e, se não possuem a influência política característica das primeiras décadas do século XX, ainda conservam muito poder.

Esse poder e mandonismo do coronel, que aparece nos livros de história como restrito ao início do século XX, é o que surge nas novelas com toda a sua potencialidade. Assim como na realidade, os coronéis "fictícios" mandam e desmandam em seus familiares, nas pessoas que vivem em suas fazendas e em toda a cidade. De forma fidedigna, as novelas revelam o poder que esses grandes latifundiários exercem sobre a política do país, e a forma retrógrada como conduzem as relações de trabalho e a posse da terra.

Nas novelas também são destacadas as práticas violentas que acompanham o poder dos coronéis. Espancamentos, destruição de casas e lavouras e até mesmo assassinatos são comuns, normalmente praticados por seus homens de confiança, os jagunços. Esses homens, que cuidam da família, dos bens, dos interesses e da honra dos coronéis sentem-se em dívida com eles. Em algum momento de dificuldade, o coronel os abrigou e protegeu, tornando-os eternos devedores por tal ato. Essa peculiar relação não está baseada apenas na dependência socioeconômica ou no mandonismo, mas, sobretudo, em laços de afetividade, que incluem a lealdade, o respeito e a fidelidade.

O sucesso de coronéis nas novelas revela a identificação, aceitação e conivência do espectador com comportamentos e práticas autoritárias. Revela, sobretudo, que mesmo em tempos democráticos e de liberdade de expressão, o autoritarismo ainda está presente e pode ser bem aceito no contexto social e político brasileiro. Diante dessa constatação, a questão é: quais seriam as predisposições psíquicas que favorecem a emergência e permanência de tendências autoritárias no meio social?

O MEDO À LIBERDADE: TERRENO FÉRTIL PARA A ASCENSÃO DO AUTORITARISMO

Em 1941, vivendo a experiência de mais uma guerra e da ascensão de fascismos, Erich Fromm escreveu *O Medo à Liberdade*, defendendo a hipótese de que as características autoritárias surgem de um mecanismo de fuga. Na tentativa de superar o estado de impotência e solidão, gerado pelo processo de individuação e pela liberdade, os sujeitos tendem a desenvolver características autoritárias. O livro tornou-se referência sobre o assunto e é uma das mais importantes críticas psicossociais ao autoritarismo, à destrutividade e ao conformismo, que Fromm aponta como típicos do século XX.

O processo de individuação ocorre em dois níveis: o individual e o social. O individual marca os primeiros anos da vida infantil: uma criança, ao mesmo tempo que se torna mais livre para expressar seu próprio eu, também se afasta do mundo de segurança e tranquilidade oferecido pelo acolhimento maternal. No nível social, as diversas instituições coletivas (a família, a escola, a religião, as corporações ou sindicatos, a nação) dão segurança ao indivíduo, pois ele tem a sensação de pertencer a uma tribo, de ter uma posição no conjunto social, de ter um lugar apenas seu. Ele pode sofrer privações ou opressão, mas não sofre a pior das dores: a solidão e a dúvida totais. Os limites do crescimento da individuação, explica Fromm em *O Medo à Liberdade*, são estabelecidos tanto pelo próprio indivíduo como pelas condições sociais. Embora cada indivíduo tenha seus limites próprios, cada sociedade também tem certo limite para a individuação que o indivíduo não pode ultrapassar. Nesse sentido, o processo de individuação possui um caráter dialético. Ao mesmo tempo que proporciona a integração e o domínio da própria natureza, também pode levar ao crescente isolamento, insegurança e dúvida sobre o papel de cada ser na sociedade e no cosmos, do significado de sua vida, culminando num sentimento cada vez maior de impotência e insignificância. Esses sentimentos, somados à falta de confiança em si mesmo e de perspectiva social, levam o indivíduo a uma necessidade de submissão, de conformismo.

Com relação à liberdade, Fromm explica que historicamente os fenômenos que coincidem com o fim da Idade Média e início da Idade Moderna proporcionaram o surgimento de um significado ambíguo para a palavra: por um lado, a crescente emancipação do homem diante de autoridades externas; e, por outro, seu isolamento cada vez maior. Nesse período, a sociedade ocidental passou por mudanças radicais, tanto em sua estrutura econômica quanto social, o que acarretou em uma mudança também radical na estrutura da personalidade humana.

Na Idade Média, o homem possuía uma liberdade limitada, uma vez que se considerava preso à terra. Contudo, essa prisão lhe garantia um lugar imutável e incontestável no mundo social. O homem tinha raízes numa estrutura e a vida um significado que não deixava margens para necessidades e dúvidas. Não havia competição e a consciência individual era praticamente ausente. O homem só se percebia como integrante de uma família, uma corporação ou um povo e não como um ser independente. No final da Idade Média, essa estrutura passou por mudanças significativas. O capital, a iniciativa econômica individual e a competição tornaram-se mais importantes, levando a um crescente individualismo. O dinheiro tornou-se o igualador entre os homens, mais poderoso que o nascimento e o estamento. Nesse processo, uma das mudanças que abalou significativamente a vida das pessoas foi a mobilidade social. Até então, dificilmente uma pessoa que nascesse numa classe poderia passar para outra. Com as mudanças, deixou de existir um lugar fixo na ordem social e econômica: "o indivíduo foi deixado só; tudo dependia de seu próprio esforço, e não mais da segurança de seu *status* tradicional"[2]. O homem libertou-se da arregimentação de seu sistema corporativo e passou a experimentar sua própria sorte, tornando-se o senhor de seu destino, assumindo todos os riscos e ganhos. Seu esforço individual poderia levá-lo ao sucesso e à independência econômica ou ao fracasso e à miséria. Esse processo de individuação não foi sentido nem percebido de forma homogênea por todas as pessoas. Para os comerciantes dos burgos e os banqueiros abastados, esse processo revelou-se muito mais importante e significativo do que para a grande massa de camponeses, artesãos e trabalhadores braçais. Assim também se deu em relação aos donos de manufaturas e de oficinas artesanais, ou ainda para setores mais ou menos remediados, como professores, que sentiram de modo distinto esse processo.

O fim das estruturas da Idade Média, ao longo do século xv, proporcionou o aparecimento do homem individual, do indivíduo espiritual, do indivíduo na acepção moderna do

2   E. Fromm, *O Medo à Liberdade*, p. 56.

termo. Porém, ao lado do individualismo e da liberdade, também cresceram a tirania e a desordem. As atividades econômicas que as pessoas desenvolviam, aliadas à riqueza que acumulavam, proporcionavam uma sensação de liberdade e individualidade, mas o senso de segurança e de relacionamento estava perdido. Eram mais livres, porém mais sozinhos. A antiga dependência do servo em relação ao senhor foi substituída por uma relação na qual o trabalhador tornou-se apenas "objeto" para ser manipulado ou destruído. O indivíduo burguês acabou sendo absorvido por um egocentrismo e uma insaciável sede de poder e riqueza. Nesse processo, seu próprio ego perdeu o sentimento de segurança e de confiança. Ao mesmo tempo que se desenvolveu um maior sentimento de força, ocorreu um maior isolamento, dúvida e ceticismo, uma maior angústia.

Essa nova "liberdade", explica Fromm, criou um profundo sentimento de impotência, dúvida, solidão e angústia[3]. Em meio a sentimentos de nulidade e desvalia individual, num mundo aparentemente ilimitado e pleno de possibilidades, mas também ameaçador, para fazer face à insegurança que lhe seria insustentável e que tornava sua vida impossível, o homem encontrou no autoritarismo a suposta segurança que lhe faltava. Assim, o autoritarismo é um mecanismo de fuga para suportar e superar o estado de impotência e solidão no mundo real desencantado.

Para adquirir a força que o ego individual carece, muitas pessoas renunciam à sua própria independência, estabelecendo vínculos com pessoas ou instituições que se apresentam como mais fortes. Esse mecanismo de fuga surge do anseio de submissão e dominação, reproduzindo a estrutura egoica sadomasoquista. Para as pessoas com características autoritárias, o que existe são os poderosos e os desprovidos de poder. O poder lhes encanta, assim como sentem

3   Ibidem.

um profundo desprezo e um desejo em humilhar quem não tem poder e aquele que parece ser diferente. E esse poder não está associado a nenhuma habilidade ou qualidade excepcional específica, é simplesmente o poder pelo poder, existindo uma fascinação pelo super-homem e pelo Estado fetiche. Sempre em busca de proteção, elas querem ser cuidadas pelo poder (seja ele representado por uma pessoa ou uma instituição) e acreditam que ele (o poder) é o responsável pelos resultados oriundos de suas próprias ações.

Desde meados do século xx, a autoridade tornou-se anônima, invisível e alienada, sendo interiorizada sob o nome de consciência e dever. No processo de avanço de conquistas em prol da cidadania, parecia indigno a um homem livre submeter-se a autoridades exteriores. A sociedade da mercadoria e do espetáculo submeteu-o. A própria consciência alienada do homem ocupou esse espaço, podendo tornar-se mais severa e exigente que as autoridades externas. As leis da autoridade anônima são tão invisíveis e invioláveis como as leis do mercado. Mas ela não pode governar sozinha, inventa o culto da hierarquia e distribui micropoderes, inclusive para as massas. Como rebelar-se contra o invisível, contra ninguém, contra quem não se conhece e não se sabe quem é? Em todas as esferas da vida, a autoridade torna-se menos perceptível. A autoridade anônima, afirma Fromm, se disfarça como sendo o senso comum, a ciência, a saúde, a normalidade e a opinião pública, empregando, como tática de atuação, jamais a pressão ou a coerção pura e simplesmente, porém a persuasão massiva[4]. Criando um ambiente de sutil sugestão, a autoridade anônima na sociedade de consumo é mais eficaz que a ostensiva, pois é imperceptível que existe uma ordem a ser obedecida. A autoridade não "manda", mas instiga e manipula. O mecanismo que possibilita à autoridade anônima operar com tranquilidade é o

4   Ibidem.

do conformismo. Os sujeitos formados e moldados pela disciplina do fordismo social não podem ser eles mesmos, não devem se sobressair, devem apenas se assujeitar e integrar o rebanho do qual fazem parte, renunciado a si mesmos. Somente sendo iguais, serão aceitos.

Ao enfatizar em como a liberdade pode tornar-se uma força negativa, tão comum nas sociedades modernas, transformando-se num fardo e num perigo (fardo porque maltrata e sufoca o indivíduo, perigo porque pode levá-lo a praticar ou aceitar ações autoritárias e eleger governos de extrema-direita ou fascistas), Fromm também destaca que a liberdade pode assumir um caráter positivo, pois enquanto valor subjetivo, integra o indivíduo à totalidade social[5]. Se for conquistada, ela humaniza os seres e lhes dá fé na vida, levando-os a se envolverem em projetos que primam pela justiça social e pela igualdade de direitos. Tais projetos devem valorizar a solidariedade e a formação de cidadãos mais conscientes de sua própria história, devem formar indivíduos íntegros, éticos, livres e felizes. No entanto, o processo subjetivo de desalienação social precisa se concretizar de forma concomitante à concretização de um modo de reprodução social compatível e coerente, preservando os direitos humanos e da natureza, construindo, também, uma desalienação objetiva.

A LIBERDADE ABRE AS ASAS: VENCENDO AS PRÁTICAS AUTORITÁRIAS

Se as personagens de coronéis e de jagunços são recorrentes, também o são personagens que combatem a tirania e o autoritarismo, como o fez Roque Santeiro. Esse foi o caso de Manoel Pedreira, dono do jornal *A Trombeta* e ferrenho opositor do coronel e prefeito, Odorico Paraguaçu, em *O*

5   Ibidem.

Bem-Amado. Noticiando as falcatruas do político, sobretudo o uso indevido de dinheiro público, ele pretendia levar à população um olhar mais crítico sobre a gestão do prefeito. Também foi o caso de Capitão Rosa e da família dos Anjos em *Velho Chico*. As práticas conservadoras e autoritárias do coronel Saruê, tanto no manejo da terra como na atuação política, foram contestadas não apenas pelos seus rivais, mas também pela própria família.

O medo e a liberdade, como valor e prática, foram representados nas novelas *Saramandaia* e *Velho Chico*. Num período intenso de manifestações populares, como a Primavera Árabe, no Oriente Médio (2010), o Occupy Wall Street, em Nova York (2011), os Indignados, na Espanha (2011) e o Movimento Passe Livre, no Brasil (2013), essas novelas trataram de questões políticas importantes, como a defesa da liberdade de expressão e da democracia.

Livremente inspirada na obra de Dias Gomes, de 1976, a segunda versão de *Saramandaia* foi escrita por Ricardo Linhares, Nelson Nadotti, Ana Maria Moretzsohn e João Brandão, e foi exibida em 2013, no horário das onze horas da noite. Apesar de muitos aspectos serem diferentes entre uma versão e outra (notadamente a discussão sobre a prática política da segunda versão, que não existia na primeira), outros elementos foram mantidos, sobretudo a narrativa realista fantástica, baseada em Gabriel García Márquez. Tibério Vilar era o próprio José Arcádio Buendía, o patriarca de *Cem Anos de Solidão*. Tibério passava os dias em sua poltrona, criando raízes e lendo a obra-prima de García Márquez, que rendeu ao autor o Prêmio Nobel de Literatura, em 1982. A escolha pelo realismo fantástico não foi inocente, nem na primeira, nem na segunda versão da novela, como também não o foi por García Márquez. A linguagem fantástica permite tratar de assuntos polêmicos da realidade de forma mais livre e crítica. Ela liberta os autores da censura e do preconceito, permitindo que tratem de questões proibidas, pois ficam protegidos pela impressão de que não estão tratando de aspectos reais.

Zico Rosado era um homem inescrupuloso, que governava sua família, suas fazendas produtoras de cana-de-açúcar e a cidade de Bole-bole sob o medo e a autoridade. Líder da corrente tradicionalista, ele se utilizava de práticas coronelistas (ameaças, atentados, compra de votos) para conseguir o que desejava. Obcecado pelo poder, ele se julgava o dono da cidade e não admitia que nada acontecesse sem a sua autorização. Zélia Vilar era uma jovem destemida, líder da corrente mudancista, que queria alterar o nome da cidade de Bole-bole para Saramandaia. A mudança de nome era um pretexto para mudanças estruturais mais profundas, notadamente a superação do domínio dos Rosado e de suas práticas coronelistas. Zélia acreditava na liberdade de expressão e na democracia, acreditava em tempos de justiça e de igualdade, em que as diferenças fossem aceitas e respeitadas. Os Rosado e os Vilar sempre foram inimigos. As duas famílias disputaram o poder na cidade tanto por meio de votos como de armas. Contudo a rivalidade era apenas aparente; na verdade o que as unia era o amor (conforme analisado em capítulo precedente). Zélia era a prova viva desse amor: ela era filha de Vitória Vilar e Zico Rosado, verdade que só veio à tona no final da narrativa.

Liderados por Zélia, os mudancistas, maioria na cidade, combateram e superaram o autoritarismo de Zico Rosado, tanto nas urnas, vencendo o plebiscito, como de forma mais ampla, incentivando novas relações políticas e sociais baseadas na liberdade. Na narrativa realista fantástica, essa nova sociedade foi marcada pelo nascimento de uma nova geração de crianças com asas, as asas da liberdade[6]. Essa geração

---

6   Zélia tinha um relacionamento amoroso com João Gibão, que tinha esse apelido por sempre utilizar um gibão de couro. A vestimenta tinha uma função: esconder as asas que João tinha nas costas e que a sua mãe cortava com frequência. O filho de Zélia e João também ▶

especial buscaria o amor espontâneo, formulando projetos de vida que superassem os princípios morais baseados na obediência. O surgimento dessa geração é uma metáfora utilizada pelos autores da novela para revelar suas esperanças na possibilidade da criação de uma sociedade mais justa e igualitária em oportunidades, baseada no respeito e no amor, onde a liberdade não fosse objeto de medo que sufocasse os cidadãos, mas os tornasse mais humanos e confiantes na vida.

Em *Velho Chico*, Raimundo era o prefeito da fictícia Grotas de São Francisco. Nascido em família humilde, vislumbrou na política a possibilidade de realizar seus sonhos de ambição. Com o apoio do coronel Saruê, elegeu-se vereador e depois prefeito, compactuando com as práticas corruptas tanto do coronel como de seu genro, o deputado Carlos Eduardo. Já Bento dos Anjos, cientista social e vereador, era seu ferrenho opositor na Câmara dos Vereadores, mas não o único. Ao lado da corajosa professora Beatriz e do impetuoso padre Benício, eles iniciaram uma campanha de conscientização, falando diretamente com a população nas ruas da cidade. Com essa medida, eles fortaleceram o partido opositor, aprovaram o importante projeto de saneamento básico na Câmara dos Vereadores e ganharam (legitimamente nas urnas, apesar das falcatruas coronelistas) as eleições para o cargo de prefeito. Quem assumiu a prefeitura foi Beatriz, que passou a governar a cidade com base na igualdade e na justiça, colocando em primeiro lugar as necessidades das pessoas mais carentes.

Apesar de a sociedade baseada nos pressupostos da liberdade, igualdade e justiça social ser a desejada e a que deve ser construída, os reveses históricos, que reaparecem no mundo, podem sufocar tais valores e impedir sua

> ▷ nasceu com asas, mas ao contrário da mãe de João, que sempre cortou as asas do filho, os pais resolveram deixar as asas da criança crescer e descobrem que várias outras também estavam nascendo com asas.

realização. As situações de forte cunho autoritário (como a justiça com as próprias mãos, a violência policial e as práticas de barbárie) e a emergência de governos de extrema-direita, eleitos pelo voto direto, revelam que o homem que vive sob a dominação do grande capital e do neoliberalismo se afasta dos valores humanistas, colocando, nesse lugar subjetivo, os elementos objetivos da sociedade capitalista: o poder e o dinheiro. Essas práticas autoritárias que agridem, maltratam o homem e o desumanizam são veiculadas ideologicamente como necessárias à sobrevivência em sociedade. Em períodos de crise, grande número de pessoas, inclusive os brasileiros, prefere ouvir promessas conservadoras, reacionárias e autoritárias por fornecerem falsas e simples soluções para problemas crônicos vividos no cotidiano. A democracia, o respeito pelas diferenças e a igualdade de direitos e oportunidades são vistos como uma ameaça imediata à sua existência social e individual, física e psicológica.

CENAS DO PRÓXIMO CAPÍTULO

- Qual a função do trabalho na vida das pessoas?
- De que maneira os trabalhadores são representados nas novelas?
- Como enfrentam os problemas desses *tempos modernos*?

CAPÍTULO 6

"TEMPOS MODERNOS"
NAS NOVELAS
(O TRABALHO ESPETACULARIZADO,
O TRABALHADOR IDEALIZADO)

Tempos Modernos (*Modern Times, 1936*) *é o título
de um filme com roteiro, direção e protagonismo de
Charles Chaplin. Recuperando sua famosa personagem
de* O Vagabundo (*The Tramp, 1915*)*, o ator-cineasta
revelou as dificuldades econômicas e o vazio existencial
dos operários, vivendo num mundo industrializado
e modernizado. O filme é uma crítica ao capitalismo,
aos totalitarismos e aos sistemas de produção impostos
aos trabalhadores, alienando-os de sua humanidade.
Já a novela homônima fez o percurso contrário do
filme. Ideologicamente, enalteceu a tecnologia e não fez
nenhuma alusão à real situação de alienação vivida por
inúmeros trabalhadores brasileiros nesses tempos de
modernidade em crise profunda.*

Arquitetas, advogadas, secretárias e jornalistas; médicos,
enfermeiros, engenheiros e motoristas. Manicures, cabelei-
reiros e recepcionistas; vendedores, gerentes e faxineiros;
fotógrafas, estilistas e esteticistas. Nas novelas, são representadas uma infinidade de profissões, ocupações e cargos

de trabalho, formais, informais e por conta própria[1]. Praticamente todas as personagens possuem uma profissão e/ou um emprego. Ambientes profissionais também são bem comuns: restaurantes, hospitais, clínicas, hotéis, salões de beleza, lojas, bares e os mais variados tipos de empresas. Lugares onde as personagens estabelecem relações, não apenas profissionais, mas também pessoais e afetivas. Algumas novelas trouxeram profissões incomuns, como o flautista Laerte, a violinista Verônica e a leiloeira Helena de *Em Família*. A novela *Pega Pega* trouxe uma profissão inusitada: Borges fazia bonecos de madeira e era diretor da Companhia Serrote de Teatro de Bonecos. Idealista, mesmo a companhia passando por dificuldades financeiras, Borges não aceitava integrar sua arte ao sistema comercial. Ao longo da narrativa, os bonecos se destacaram, revelando o valor estético e a sensibilidade da profissão. Outras novelas romperam com os tabus de profissões associadas ao gênero, trazendo personagens femininas que desenvolviam, com competência, atividades tipicamente masculinas. Esse foi o caso da "faz-tudo" Griselda, em *Fina Estampa*, e da motorista de táxi Arlete, em *Pega Pega*. De forma geral, como o ambiente citadino é o mais representado nas novelas, também são as atividades profissionais associadas à vida na cidade que surgem com maior frequência.

1   O trabalho informal é definido como aquele em que não há vínculo com empresas e o trabalhador não tem acesso aos benefícios e proteções sociais previstos por lei. Já o trabalhador por conta própria é a pessoa que trabalha em seu próprio empreendimento, sem ter empregado e contando ou não com ajuda de outra pessoa, não remunerada ou membro da unidade domiciliar em que reside. Segundo informações do IBGE, em dezembro de 2020, por conta da crise econômica e política agravada pela pandemia do novo coronavírus, o número de trabalhadores informais ultrapassou 34 milhões, ou seja, 39,5% dos trabalhadores. Comparado ao trimestre anterior, o número aumentou em mais de 2,3 milhões. Já os trabalhadores por conta própria totalizaram mais de 17,9 milhões, enquanto o número de desempregados chegou a 14,4 milhões.

Mas há os que não trabalham. Teresa Cristina, de *Fina Estampa*, e Shirley, de *Em Família*, são exemplos de personagens que vivem do dinheiro acumulado pela família, fruto do trabalho de seus parentes. Há personagens que execram o trabalho e vivem de pequenos golpes, como Leila Melo Rodriguez, de *Amor à Vida*, e o casal Magnólia e Severo, de *Império*. Normalmente, essas personagens com discursos e ações contrárias ao trabalho, se não são recuperadas e transformadas em trabalhadores exemplares, tornam-se vilões da narrativa.

Nesse sentido, as novelas, sem dúvida, consideram o trabalho como uma das vias na construção de sujeitos honestos, dignos e morais. O trabalho é associado a valores de bom caráter e integridade. De acordo com Pierre Dardot e Christian Laval, em *A Nova Razão do Mundo*, desde o século XVII vem se formando um discurso científico enunciando que o homem é aquilo que faz. Tal discurso associa os indivíduos ao trabalho que desenvolvem. O objetivo desse discurso é redefinir a medida humana, transformando o homem num ser de labor e de necessidade, num ser produtivo e consumidor. O trabalho, com essa proposta, transcende sua função econômica (de transformar a natureza em bens úteis), tornando-se lugar de *status* social e de poder e, principalmente, fator de identidade. As pessoas são o que fazem, compreendendo o fazer como uma atividade de trabalho.

Ao atribuir uma profissão, um fazer às suas personagens, as novelas não destoam dessa realidade social. Resta saber qual tipo de trabalho as novelas valorizam e como representam as condições e relações trabalhistas.

O TRABALHO NA SOCIEDADE CAPITALISTA NEOLIBERAL

Apesar da multiplicidade de profissões representadas nas novelas, a sua quase totalidade está associada ao trabalho cujo fim é a valorização do capital e a produção de mais-valia. Para Karl Marx, o trabalho possui um caráter ontológico, pois é condição *sine qua non* para a humanização do próprio homem, configurando-se como o seu primeiro ato histórico. Independentemente da sociedade e de sua estrutura econômica, o trabalho é a condição de existência do homem. É por meio do trabalho que são retirados da natureza todos os elementos essenciais para a vida humana. Ao fazer isso, o homem modifica a natureza e modifica a si mesmo. Nesse complexo processo, o trabalho humano-social se converte em elemento central da sociabilidade humana. Esse tipo de trabalho é indispensável à existência do modo capitalista de produção e foi denominado por Marx, no livro 1 de *O Capital*, de força de trabalho assalariada. Contudo, ao inaugurar uma relação de compra e venda da força de trabalho, através do pagamento de salário, o capitalista fez com que o trabalho vivo, do trabalhador assalariado dos setores produtivos, seja o principal responsável na produção de mais-valia e, portanto, de valorização do capital inicial. Nesse processo, o trabalho assalariado tornou-se alienado e fetichizado, seu sentido original foi pervertido, deformado e desfigurado. Ao mesmo tempo que o trabalho é imprescindível para o capital e para os homens, ele se transforma em elemento de sujeição, subordinação, estranhamento e reificação. A força de trabalho modifica-se numa mercadoria especial, cuja finalidade primeira é valorizar o capital. Isso ocorre, porque a divisão contínua do trabalho, típica das sociedades capitalistas industriais, faz com que os trabalhadores não se reconheçam mais no fruto de seu trabalho: o produto, a mercadoria, enquanto valor de troca, aparece como alheio e estranho ao seu produtor. Esse processo de não reconhecimento de si mesmo no fruto de seu próprio trabalho é denominado por Marx, em sua obra maior já citada, de alienação no trabalho, que culmina com a alienação completa do sujeito, uma vez que o estranhamento abarca todo o ser social.

A categoria de alienação teorizada por Marx e no século xx pelos pensadores da Escola de Frankfurt, especialmente Erich Fromm e Herbert Marcuse, foi abandonada pelo marxismo tradicional e pelas ciências sociais em geral, a pretexto de pertencer aos resquícios de idealismo do "jovem Marx", muito embora o próprio Marx jamais a tenha abandonado. György Lukács, em *História e Consciência de Classe*, a recuperou, à sua maneira, desenvolvendo o conceito de reificação, a partir da teoria do fetichismo da mercadoria em Marx. Em verdade, alienação, reificação, assim como o conceito de ideologia, nunca deveriam ter sido abandonados, pois são fenômenos ligados à decadência do capitalismo mundializado. A relação capital/trabalho assalariado, que é uma relação entre homens e destes com a natureza, assume um duplo caráter "coisificado", dotado de uma "objetividade ilusória", que dissimula e esconde, numa racionalidade aparente, não apenas essa dupla alienação, mas, ainda, a exploração, como se o capital também estivesse desencarnado e obedecendo às simples leis de funcionamento do sistema. Ao nível consciente, o proprietário dos meios de produção acredita que sua responsabilidade social se realiza com o cumprimento do "contrato de trabalho" e, por efeito da ideologia, o trabalhador também acredita nisso.

O ingresso da humanidade na aceleração promovida pelo gigantismo das novas tecnologias, a robótica, a informática e a utilização dos algoritmos na velocidade 5G (conquanto indiquem o que poderia significar toda essa tecnologia em função do bem viver humano, e não em função da insaciável corrida atrás do lucro, comandada pelo capital fictício e pela racionalidade neoliberal), concretiza também o aprofundamento da alienação objetiva e subjetiva social geral. Tal estranhamento se verifica, por exemplo, na relação dos sujeitos sociais com o tempo e o espaço. Eles, que deveriam sentir-se mais integrados e próximos e com mais tempo livre para aproveitar as coisas boas da vida, se reconhecem cada vez menos e se comunicam, efetivamente, cada vez menos com seus semelhantes. A população que sofre de depressão e se sente em solidão só faz aumentar, aumentando também os lucros absurdos da indústria farmacêutica. O excesso de capital produz a hipertrofia da financeirização e do crédito que, entretanto, não consegue dar vencimento à superprodução, agigantando a alienação em relação aos objetos pessoais (computadores, roupas, carros etc.), que são, cada vez mais, produzidos com obsolescência programada. A alienação e a reificação invadem o próprio ego dos indivíduos, que se veem obrigados a se dividirem, já não mais apenas por suas inserções profissionais, mas em grupos cada vez menores, exigidos pelas orientações sexuais, religiosas, raciais, muitas vezes abandonando completamente a categoria que os unifica como classe social. Essa fragmentação social é promovida pela lógica do capital e pela ideologia da individualização do neoliberalismo. Entretanto, existe uma alienação ainda mais decisiva. As relações sociais, promovidas pelo capital financeiro, introduziram a pulsão de morte como elemento geral da destrutividade humana e na relação com a natureza, revelando que os grandes capitalistas, seus governos e Estados não estão preocupados com a vida no planeta.

De acordo com Dardot e Laval, desde fins do século xx a alienação, o estranhamento e a reificação se acirraram de tal maneira, que fizeram surgir a figura do homem-empresa ou do sujeito empresarial, indivíduo típico da sociedade neoliberal. O homem-empresa é fruto do avanço da racionalidade empresarial em todas as esferas da vida, passando a orientar as aspirações e as condutas dos sujeitos, suas inclinações de caráter, suas maneiras de ser, falar e mover-se, promovendo, inclusive, motivações inconscientes. O resultado é uma unificação das formas plurais da subjetividade, transformando o homem em um sujeito unitário, plenamente engajado em sua atividade profissional, comportando-se em todas as suas relações, inclusive as afetivas, como se estivesse em seu local de trabalho. Está-se diante do fenômeno da "superfluidade" humana, como caracteriza Patrick Vassort, em *L'Homme superflu* (O Homem Supérfluo), e da propagação do "homem-máquina", como sustenta Jean-Marie Brohm, no artigo "Posthumanisme et transhumanisme". A racionalidade empresarial, ao exaltar a força, o combate, o vigor e o sucesso, transforma o trabalho em veículo único da realização pessoal; apenas quem tem sucesso profissional, tem sucesso na vida. O sucesso torna-se o valor supremo e transformado em espetáculo, sendo veiculado pelos programas televisivos, pelas redes sociais, pelas peças de publicidade e de propaganda.

Neste início de século xxi, o neoliberalismo torna-se cada vez mais hegemônico, como política geral e como política específica na gestão do trabalho e da força de trabalho. Uma das características, adotada como modelo, foi o acirramento das exigências da execução perfeita do trabalho, criando avaliações públicas que intensificam a concorrência entre os trabalhadores de cada ramo e setor, reforçando ideologicamente a noção de que a responsabilidade é apenas de cada funcionário. A ideologia do "empreendedor de si mesmo" se espalhou no planeta sob a fachada perversa da denominação de cada assalariado como "associado", como se de fato ele participasse dos lucros da empresa. A precarização foi o resultado mais perverso da desregulamentação das leis trabalhistas, com todo o cortejo de mazelas que acompanha a "uberização" do mundo.

Nesse processo, o local de trabalho torna-se um espaço de aliciamento das subjetividades, ocorrendo uma conjunção entre as aspirações individuais e os objetivos de excelência da empresa, entre o projeto pessoal de cada sujeito e o projeto da empresa. O sujeito torna-se um microcosmo em perfeita harmonia com o mundo da empresa e com o macrocosmo do mercado mundial. Não se compreende, nem assume responsabilidades de funcionário, acredita ser um "colaborador", um "associado" e é tratado como tal, trabalhando para a empresa como se trabalhasse para si mesmo. Destituído de suas qualidades mais humanas, o sujeito sente-se como uma empresa que vende um serviço em um mercado. Essa mudança provoca alterações significativas na subjetividade. A pessoa não se compreende mais como trabalhadora assalariada, anulando os processos de conscientização e esvaziando os movimentos reivindicatórios. Desse modo, o indivíduo se torna, conforme Dardot e Laval, o único responsável por suas escolhas e resultados obtidos, seja de sucesso ou fracasso, ocorrendo uma individualização da responsabilidade na realização dos objetivos. É transferido para o indivíduo, de forma natural, todo o risco e toda a responsabilidade em todas as esferas de sua vida. Os riscos são naturalizados e surgem como escolhas de vida. Todas as desigualdades sociais são desprezadas e a autoestima torna-se a chave do sucesso ou do fracasso. O resultado da lógica comportamental do homem-empresa, o que inclui uma "guerra concorrencial" entre colegas de trabalho, é um quadro marcado pelo enfraquecimento dos coletivos de trabalho e pelo acirramento das mais variadas patologias, que incluem casos de estresse, de depressão profunda e, não raro, de suicídios.

A título de exemplo, basta citar o ocorrido entre os funcionários da France Télécom, atualmente Orange, que chocou o mundo. No curto prazo de três anos (2006-2009), sessenta funcionários (sendo que 35 apenas em dezoito meses) se suicidaram, muitos deles em seus locais de trabalho, na frente dos colegas. Tal atitude ocorreu após uma reestruturação da empresa que, constatando que estava com uma dívida de mais de 50 milhões de euros, resolveu demitir 22 mil empregados e remanejar outros 14 mil. Essa informação criou um clima profissional de ansiedade e insegurança que desestabilizou os funcionários, concluiu o relatório da Justiça de Paris. Didier Lombard, então presidente da empresa, e seu grupo foram processados por assédio moral e responsabilizados por 35 suicídios[2].

Não é apenas na França que o sofrimento no trabalho culmina em suicídio. O número de pessoas que se suicidam em locais de trabalho aumentou significativamente nos últimos anos. Diante dessa situação, desde 2014 a Associação Brasileira de Psiquiatria, em parceria com o Conselho Federal de Medicina, passou a difundir o "Setembro Amarelo", campanha mundial de conscientização e prevenção do suicídio, com o objetivo de alertar a respeito dessa triste realidade, sobretudo no trabalho[3].

De acordo com Christophe Dejours, psiquiatra, psicanalista e especialista em medicina do trabalho, o fato de as pessoas se suicidarem em seu local de trabalho tem um significado que precisa ser decodificado[4]. Tal ato não deixa de ser uma mensagem à comunidade de trabalho: aos colegas, aos superiores, aos subalternos e, sobretudo, à empresa. O acirramento de algumas práticas empresariais, que incluem a avaliação individual do desempenho, a exigência da "qualidade total" (que nada mais é do que a busca da qualidade ideal, impossível de ser alcançada, devido às contradições inerentes da realidade) e a terceirização de serviços têm adoecido sobremaneira os trabalhadores, que não encontram mais, em seu local de trabalho, um ambiente coletivo

---

2 Em dezembro de 2019, dez anos depois, Lombard e os demais executivos foram condenados a um ano de prisão e a pagar uma multa de 15 mil euros por sua política agressiva de redução de funcionários. Além disso, os réus também deverão pagar, em conjunto, mais de 3 milhões de euros por danos às partes civis, entre elas ex-funcionários e parentes das vítimas.

3 No Brasil, aproximadamente doze mil pessoas se suicidam todos os anos. A grande maioria é de homens negros, com idade entre 15 e 29 anos. Mais de 90% dos que se suicidam possuíam alguma doença mental relacionada sobretudo à depressão. Ver *OMS Alerta*.

4 Ver Um Suicídio no Trabalho É uma Mensagem Brutal, *Público*.

de colaboração, cooperação e solidariedade. Ao contrário, a intensificação das práticas individualistas e de competitividade e a destruição dos elos sociais tornaram-se uma ameaça, alterando profundamente as relações no trabalho, fragilizando os trabalhadores e levando-os a uma espiral de solidão e desespero. Esse processo não está desvinculado da transformação das ferramentas de gestão empresarial em ferramentas de repressão e de dominação pelo medo. O resultado é um ambiente de trabalho hostil e de rivalidades, onde as pessoas adoecem psíquica e fisicamente e onde, não raro, literalmente perdem a vida.

Após essa pequena reflexão teórica a respeito da questão do trabalho e do sofrimento dos trabalhadores, pode-se afirmar de antemão que um bom número de novelas, de forma espetacularizada, compactuam com o discurso neoliberal, veiculando imagens positivas unilaterais sobre o trabalho, destacando apenas sua função como fonte de sucesso e prazer, não abordando seus aspectos contraditórios e o sofrimento que ele pode gerar. Com seus discursos de positivação do trabalho e dos trabalhadores, na maioria das novelas a ideologia dominante surge como mecanismo de controle, de dominação e de disciplinarização, condenando o não trabalho e as formas de trabalho não integradas à lógica neoliberal. Entretanto, também aparecem expressões que fogem aos paradigmas discursivos gerais, ou ainda, provocam a "confusão" entre a realidade idealizada e os processos reais apresentados de forma mesclada, como nos filmes de Hollywood, que buscavam vender glamour, maquiando as contradições do *American way of life*. É preciso lembrar, porém, que mesmo aquelas experiências mais ideologizadas não podem fantasiar em demasia a vida real, sob pena de perder público e eficácia legitimadora.

TRABALHO E TRABALHADORES NAS NOVELAS

Dentre todas as novelas produzidas para o horário das nove horas, *Fina Estampa* é a que mais enalteceu, de forma consciente, o trabalho racional, em sintonia com os discursos neoliberais sobre o lugar do trabalho e dos trabalhadores no início do século XXI. Todas as personagens trabalhavam e, na grande maioria das cenas, estavam sempre trabalhando. Mesmo os lugares de descontração eram espaços de trabalho de algumas personagens, ocorrendo uma confusão entre os momentos de descontração e os de trabalho. Assim ocorria no bar de Guaracy, no restaurante de René Vilmond e até mesmo no quiosque de praia de Álvaro e Zambeze. A novela trazia a mensagem de que os momentos de descanso eram bem-merecidos porque coroavam uma dura jornada de trabalho.

No Brasil, desde o final do século XIX, o que coincide com a substituição do trabalho escravo pelo trabalho livre, destacou-se o discurso de valorização e "positivação" do trabalho, que passou a ser visto como fator decisivo e constitutivo da existência social e formador de uma sociedade ordeira e trabalhadora. Foi nesse período, afirma Erivan Cassiano Karvat em *A Sociedade do Trabalho*, que o trabalho foi concebido como estruturador das sociedades modernas e como princípio constitutivo da existência social. A participação na sociedade ocorreria apenas por meio do trabalho; a todos caberia o dever do trabalho. A categoria do trabalho, recoberta de positividade, foi considerada a ordenadora da sociedade e sua lei suprema. Somente o trabalho seria capaz de alargar os atributos morais e apenas nele o homem diluiria suas imperfeições. Considerado a luta mais gloriosa e edificante da vida, fonte de mérito e dignidade humana, só o trabalho levaria à redenção da humanidade. Se por um lado foi necessária a existência de um discurso valorativo do trabalho, esse mesmo discurso precisava rechaçar a preguiça e a ociosidade, consideradas o inverso e o avesso da ordem que se buscava implantar. Os ociosos, representantes do não trabalho ou do antitrabalho, foram considerados verdadeiros parasitas mórbidos, que usurpariam dos outros homens a sua parte no labor. Indisciplinados, imorais, pecadores mortais, inimigos sociais, os ociosos foram considerados uma ameaça corrosiva à ordem do trabalho. Porém, alerta Karvat, "antes de ser um dado real, isto é, um dado inquestionável da realidade, [o representante do não trabalho] parece ser mais uma construção ideológica utilizada para justificar a ação de mecanismos de controle e disciplinarização e, portanto, de dominação sobre as camadas inferiores da sociedade"[5].

As personagens principais, Griselda e Teresa Cristina, revelaram essa tensão entre o trabalho e o não trabalho, para finalmente enaltecer a honra do trabalhador honesto. No início da novela, Griselda, "o Pereirão das Bocadas", estava sempre de macacão e acompanhada de sua caixa de ferramentas, resolvendo os mais variados problemas domiciliares. Ela não se envergonhava de seu trabalho ou de sua aparência, era uma profissional que criou e educou, sozinha, seus três filhos. Todo o tempo, ela afirmava que não conseguia ficar sem fazer nada, sendo exemplo de mulher trabalhadora e determinada. Enriquecida por ter acertado os números da loteria, Griselda ajudou muitas pessoas, mas jamais com dinheiro; sempre propunha emprego ou parcerias de trabalho. Assim foi com Celeste, sua fiel amiga e comadre. Griselda investiu no seu restaurante, tornando-se sua sócia. A parte de Celeste na sociedade era o trabalho e a de Griselda, o capital.

Mesmo milionária, Griselda não abandonou o trabalho e investiu o dinheiro numa loja de materiais de construção, a Loja do Pereirão. A loja também prestava serviços

5 *A Sociedade do Trabalho*, p. 33.

de reparos e consertos em domicílio, constituindo um verdadeiro exército de Pereirões denominadas "maridas de aluguel". Uma das funcionárias, Deborah, devido à sua beleza e sensualidade, sempre conseguia um serviço extra na casa dos clientes para além daquele combinado com a Loja do Pereirão, o que lhe rendia um ganho a mais. Griselda se opunha drasticamente a essa atividade para além da empresa, o que culminará com a demissão de Deborah. Por que Griselda, que sabia muito bem das dificuldades, inclusive econômicas, de ser "uma mulher faz-tudo", agiu dessa maneira? O dinheiro conseguido por Deborah no serviço extra obviamente não iria para o caixa da empresa, não integraria nem aumentaria o capital, ou seja, não estava de acordo com as regras da economia neoliberal. Para convencer o espectador de que esse comportamento de Deborah estava errado, a narrativa o conduz para uma linha mais afetiva, considerando o trabalho extra como uma forma de traição, uma vez que Deborah havia aprendido seu ofício com Griselda, devendo-lhe sua lealdade.

Poucas personagens destoaram desse ambiente de trabalho: Teresa Cristina, Antenor, Teodora e Pereirinha. A vilã da novela, Teresa Cristina, não apenas não trabalhava como também ridicularizava os trabalhadores e assediava seus empregados. Ela passava o dia em sua suíte máster, deitada entre almofadas, folheando revistas ou escovando os cabelos, enquanto elaborava planos para eliminar a família de Griselda. Antenor, filho de Griselda, tinha vergonha da pobreza da família e, principalmente, do trabalho da mãe, com quem discutia seguidamente. Por ser um estudante de medicina, apesar das discordâncias, era o orgulho da família e poupado do trabalho. A mãe era capaz de enormes sacrifícios para mantê-lo na universidade. Porém, Antenor desprezava todo esse esforço e só pensava em ser um cirurgião plástico de sucesso. Teodora, a típica mulher "bonita e gostosa", queria ganhar a vida facilmente. Para tal intento, ela não hesitou em abandonar o marido, Quinzé, o filho mais velho de Griselda, e seu filho Quinzinho, ainda bebê, para viver com Wallace Mu, um famoso campeão de MMA, que lhe deu fama e fortuna.

Tanto Teodora como Antenor eram péssimos exemplos para os espectadores: desprezavam a família e o trabalho. No final da narrativa, ambos se regeneraram e se enquadraram na proposta de uma sociedade do trabalho racional. Teodora se transformou num exemplo de dona de casa e Antenor se redimiu para sempre: tornou-se o primeiro aluno da turma, como prometeu à mãe, e a convidou para ser a paraninfa em sua cerimônia de formatura.

Pereirinha, ex-marido de Griselda e pai de seus filhos, foi outra personagem que destoou de todas as propostas defendidas em *Fina Estampa* e, exatamente por isso, precisava ser desprezado por todos, inclusive pelos filhos, e acabou se tornando, ao lado de Teresa Cristina, o vilão da novela. Para as trabalhadoras Griselda e suas amigas, ele não passava de um malandro e vagabundo, que pensava apenas em dinheiro e na vida fácil. Portador de outros princípios, ele não se integrava aos padrões de família (nem mesmo aceitou entrar com a filha na igreja no dia de seu casamento) e do trabalho racional. Curiosamente, ele não se recusava a trabalhar. Peixe nunca faltava em sua mesa de pescador, que ele mesmo preparava. Quando precisava de dinheiro, vendia os suculentos robalos que ele mesmo pescava. Mas esse tipo de trabalho, que não acumula e não estimula consumo, não serve. O trabalho honrado que a novela defendeu é o integrado à lógica neoliberal da produção de mais-valia e do consumo, e não do simples valor de uso.

Dessa forma, a personagem Pereirinha não compactua com os discursos construídos pelos segmentos dominantes da sociedade, sobre trabalho e trabalhador. É uma representação que desmitifica a imagem da unicidade social e aponta para a existência de outras atitudes, bem diferentes daquelas apresentadas como únicas e politicamente corretas. Com essa personagem, o modelo neoliberal de organização, disciplina e racionalização é desarticulado, dando lugar a outra visão de mundo. Mas, apesar de ser uma personagem que cativa o público, inserindo no enredo situações cômicas e inusitadas, suas atitudes não são valorizadas e o seu comportamento, que poderia ser o de crítica social, devido ao fato de integrar o grupo de antagonistas, produz exatamente o efeito contrário. Ele vira um exemplo a não ser seguido. De crítico da realidade social, ele se transforma no desarticulado e naquele que quer usufruir das benesses sem contribuir com o seu quinhão de trabalho.

Com o exemplo de Pereirinha, fica claro que a novela *Fina Estampa* defende e legitima o discurso de valorização do trabalho racional integrado à ordem do fetichismo da mercadoria e do consumo da sociedade neoliberal. O final da novela não destoa dessa proposta. O discurso de Griselda, como paraninfa, não poderia ser mais enaltecedor ao trabalho racional. Disse ela:

> Faz três anos me convidaram pra vir aqui fazer um discurso. Desde então venho me preparando, mas até agora não sei direito o que falar. Imaginem só a responsabilidade: alguém como eu, que teve pouco estudo, dar um recado de otimismo e esperança para uma turma de formandos de medicina, abrir pra eles com minhas pobres palavras uma janela pro futuro? O que eu tenho a dizer pra vocês é que o estudo é importante. O saber é uma bênção. Mas não é um diploma que faz um homem, e sim o *valor* que ele dá ao seu trabalho. O estudo prepara, mas o *trabalho duro* e honesto é que dignifica. Sim, estudar é uma benção. Mas ninguém é menos que outro porque não pôde estudar... E todos devem ser iguais no valor que dão ao que fazem: seja qual for a tarefa, deve ser feita com honestidade, com integridade, com alegria... E com orgulho. Pois o *trabalho, bem-feito e honesto,* é que faz o mundo andar e a vida dar certo... Assim como é o caráter, e não os títulos, e menos ainda a aparência, que faz a nossa caminhada no mundo valer a pena, pois nos torna

uma pessoa de verdade. Essa é minha mensagem de otimismo e esperança pra vocês, jovens que estão na boca pra ocupar seus lugares no mundo: sejam honestos acima de tudo... Façam um bom trabalho... E amem o seu próximo. (Grifos nossos.)

O discurso acima foi intercalado com cenas de Griselda vestida com seu macacão e desenvolvendo as mais variadas atividades, desde reparos elétricos e hidráulicos até a troca de pneus. O que antes era vergonha para Antenor tornou-se motivo de orgulho e os dois, finalmente, se abraçaram, chorando juntos. Se, por um lado, a personagem de Griselda eliminou tabus e valorizou as diferenças de gênero e de classe, por outro, enalteceu o trabalho como alicerce para a manutenção da ordem neoliberal, transformando-o em elemento de dignidade, capturando todos os segmentos sociais.

Várias outras personagens e novelas contribuíram para legitimar a ideia de que trabalho adequado é o integrado ao neoliberalismo do mercado. Esse foi o caso da personagem Bento, em *Babilônia*. Ele nunca se preocupou em acumular dinheiro, seu trabalho de *freelance*, como desenvolvedor de *games* e *softwares*, sempre foi o suficiente para prover suas necessidades materiais e existenciais. Ele preferia trabalhar o mínimo necessário para passar mais tempo praticando *surf*, sua grande paixão. Esse seu modo de vida entrou em conflito com Paula, uma jovem e competente advogada, com quem vivia uma relação amorosa. Paula era negra, nasceu e cresceu no Morro da Babilônia, comunidade carente do Rio de Janeiro. Filha de pai eletricista e de mãe empregada doméstica, foi a primeira da família a cursar universidade. O trabalho de advogada aumentou sua autoestima; a profissão não lhe trouxe apenas riqueza, poder e prestígio, mas, sobretudo, era fator de sua identidade. Para a ambiciosa Paula, Bento se dedicava pouco ao trabalho; por ser talentoso, ele deveria investir mais em sua profissão e carreira, ganhar mais dinheiro e ter uma vida mais confortável. Esse foi o motivo das consecutivas brigas e do término do namoro. Até que Paula resolveu adotar uma órfã, levando Bento a rever seus conceitos sobre trabalho e assumir mais responsabilidades, tornando-se um pai de família trabalhador.

A personagem de Bento é similar à de Pereirinha, em relação ao trabalho. Ambos trabalhavam no que gostavam e na medida exata para viverem. Não eram ambiciosos, nem acumulavam dinheiro ou bens. Eles trabalhavam para viver, não viviam para trabalhar. Mas essa relação com o trabalho não é a incentivada pela sociedade neoliberal do fetichismo e do consumo. Por isso, essa forma de laborar não aparece valorizada, nem é incentivada pelas novelas. Ao contrário de Pereirinha, que foi transformado no vilão da narrativa, Bento mudou radicalmente sua forma de se relacionar com o trabalho, encaixando-se no sistema e tornando-se um exemplo de trabalhador.

Já *Avenida Brasil* contribuiu para criar uma imagem equivocada de trabalhadores satisfeitos que não sofrem pressões nem adversidades em seu local de trabalho. Foi dessa maneira que as relações trabalhistas se apresentaram no salão de beleza de Monalisa, no bar de Silas e na loja de roupas e calçados de Diógenes. Nesses ambientes de trabalho não havia conflitos, disputas ou rivalidades. Todos, empregados e empregadores, trabalhavam felizes, juntos e na mesma proporção, desenvolvendo relações afetivas. Sem falar nos jogadores do Divino Esporte Clube, que mesmo fazendo jornada dupla, caso de Leandro e Roni, nunca pareciam cansados depois de um dia de trabalho.

Os únicos trabalhadores que reclamavam das condições de trabalho eram os da mansão de Tufão e Carminha. Eles eram explorados por várias horas diárias de trabalho, salário baixo, poucas folgas, seus quartos eram pequenos e pouco ventilados, alimentavam-se mal e, sobretudo, eram menosprezados e frequentemente maltratados por Carminha.

Apesar dessa situação, Zezé, a mais assediada moralmente, se submetia aos maus-tratos, sentindo-se superior em relação aos demais colegas de trabalho por ser a preferida da "patroa". Janaína, a outra empregada doméstica, não se comportava de forma muito diferente. Ela reclamava do comportamento da "azeda" Carminha, não gostava de ser tratada com desrespeito, sentia-se explorada na mansão, mas, ao chegar em sua casa, comportava-se como "uma Carminha" com sua trabalhadora doméstica. Janaína se percebia como superior à sua própria empregada, mesmo exercendo a mesma profissão. Apesar de revelar essa contradição social, ao optar pela linguagem cômica, a novela acabou naturalizando e legitimando as atitudes dos oprimidos, quando se transformam em opressores.

As personagens de trabalhadores domésticos, como Zezé e Janaína, são recorrentes nas novelas, contudo, a forma como são representadas é diferente de uma para outra. Em algumas novelas, elas fazem um papel absolutamente secundário, aparecendo em pouquíssimas cenas, apenas para compor o cenário, como no caso de *Babilônia* ou de *Insensato Coração*. Nesses dois casos, os atores que fizeram os papéis de trabalhadores domésticos nem figuram no elenco.

Em outras novelas, o mundo da cozinha era paralelo. Ali os trabalhadores comentavam sobre a vida dos donos da casa e sabiam de tudo o que acontecia, mais que os próprios moradores. Não raro existiam relações afetivas entre trabalhadores e empregadores. Esse foi o caso de Nonato em *A Regra do Jogo*. Ele era motorista na mansão de Gibson e Nora, e pai de Belisa e Cesário, netos do casal. Algo similar ocorreu com Pilar Khoury, que, após se separar do marido, viveu uma relação amorosa com Maciel Pereira, seu motorista, em *Amor à Vida*. Aliás, a cozinha da família Khoury era bem movimentada. Nela, a cozinheira Sirlange, o copeiro Wagner e o motorista Maciel conversavam e opinavam sobre a vida dos donos da casa. Situações parecidas ocorreram nas cozinhas de Teresa Cristina, em *Fina Estampa*, e da família Medeiros de Mendonça e Albuquerque, em *Império*.

Mas o mais interessante é o papel de alguns trabalhadores domésticos confidentes e cúmplices de seus empregadores, estabelecendo uma relação de confiança e afetividade, que ultrapassa as relações trabalhistas. Freyre, em seu polêmico e romântico ensaio sobre as relações entre a casa-grande e a senzala, destacou que as escravas frequentavam a casa dos senhores, estabelecendo laços de intimidade, tornando-se verdadeiras conselheiras sentimentais[6]. De acordo com Suely Kofes, essa herança do período da escravidão dilui, aparentemente, as fronteiras entre trabalhadores e empregadores, não explicitando os conflitos inerentes às relações trabalhistas e impedindo verdadeiros movimentos de emancipação[7]. Esse foi o caso de Rosa, que trabalhava na casa de Helena e Virgílio, na novela *Em Família*; de Walter Escobar, caseiro e assistente da família Bittencourt e confidente de Maria Inês, em *Alto Astral*; de Zuleica, em *Rock Story*, antiga jardineira de Gui Santiago, que passou a cuidar de toda a família quando o cantor perdeu sua fortuna. História semelhante é a de Dita, a fiel doméstica de Silvana, e de Zuleide, a Zu, governanta na casa de Joyce, da novela *A Força do Querer*. As personagens de Dita e Zu apontam a existência de uma relação para além da contratual trabalhista, que inclui troca de carinho e confidências.

Dita, única doméstica na casa de Eurico, Silvana e Simone, era incansável e estava sempre presente: ela servia o café da manhã, arrumava os quartos, organizava a casa, atendia telefonemas, abria e fechava a porta, independentemente do horário que seus "patrões" chegassem. Tinha um quarto confortável no grande apartamento, mas em nenhuma cena ela apareceu descansando. De acordo

6 Ver *Casa-Grande & Senzala*.
7 Ver *Mulher, Mulheres*.

com Judith Karine Cavalcanti Santos, o quarto do trabalhador doméstico impede o controle dele mesmo sobre a sua jornada de atividade, colocando-o sempre disponível às necessidades do empregador, ocorrendo uma mescla dos tempos de trabalho com os de descanso[8]. Além disso, o quarto também afasta o trabalhador de seus familiares, impedindo-o de ir para casa em seus momentos de folga. Esse foi o caso de Dita, que estava sempre de uniforme e trabalhando. A incansabilidade não era sua única característica; ela também era a grande cúmplice de Silvana, acobertando seu vício pelo jogo, apesar de saber da preocupação da família.

Zu exercia função similar na casa de Eugênio e Joyce, com algumas diferenças. Zu não usava uniforme, o que a tirava, de certa forma, da condição de empregada, aproximando-a mais de seus empregadores. Tinha também mais intimidade com Joyce, assumindo muitas vezes o papel de conselheira, mesmo porque havia criado Ruy e Ivan(a), os filhos de Joyce. Contudo, essa relação de cumplicidade é de mão única. As empregadas são as ouvintes dos problemas de suas empregadoras, jamais expressam seus conflitos pessoais e existenciais. De acordo com Janaína Vieira de Paula Jordão,

> Essa figura da "protetora", da pessoa que é fiel, cúmplice e amiga, é um papel que já foi protagonizado na vida real pelas mães pretas e pelas criadas na época da escravidão. [...] as novelas brasileiras reforçaram (e talvez ainda reforcem) a associação de algumas características da escravidão à ocupação de trabalhadoras domésticas, como, por exemplo, a questão da confusão entre profissionalismo e afetividade no ambiente de trabalho, que tanto prejudica a delimitação real do que consiste e do que não consiste, a ocupação de trabalhadora doméstica.[9]

8   Ver *Quebrando as Correntes Invisíveis*.
9   Trabalhadoras Domésticas, *Sociedade e Cultura*, n. 14, v. 1, p. 104.

Funções similares tinham o mordomo Silviano e o "leão de chácara" Josué em *Império*. Silviano era o braço direito e grande protetor de Maria Marta e de seu primogênito, José Pedro, tanto que se chegou a cogitar que ele seria seu verdadeiro pai, tamanha era a proximidade e intimidade do mordomo com ambos. Ao longo da narrativa, a personagem Silviano ganhou destaque, tornando-se o verdadeiro rival e grande estrategista da ação que culminou com a morte do patriarca, José Alfredo de Medeiros. Josué tornou-se amigo e protetor de José Alfredo quando ainda eram jovens, acompanhando-o nos inúmeros golpes e contravenções que havia praticado para enriquecer, protegendo-o de todas as situações perigosas. Josué apoiou e esteve ao seu lado quando José Alfredo resolveu simular a própria morte. Também foi em seus braços que José Alfredo efetivamente morreu. Sua honestidade para com o "patrão-amigo" permaneceu mesmo depois de sua morte: Josué se tornou o protetor de João Lucas, filho herdeiro de José Alfredo.

Nenhum desses empregados domésticos possuía vida pessoal, família ou lar. Eles somente apareciam em seus locais de trabalho e mantinham relações apenas com os empregadores. Um dos poucos que destoou dessa tendência foi o mordomo Crodoaldo Valério, o Crô, de *Fina Estampa*. É provável que o papel de Crô estivesse condenado a permanecer na penumbra, não fosse a excelente atuação do ator Marcelo Serrado. As frases e trejeitos afetados do mordomo homossexual conquistaram o público e ele acabou ganhando destaque na narrativa. A personagem fez tanto sucesso que, em 2013, protagonizou *Crô: O Filme*, com direção de Bruno Barreto e roteiro de Aguinaldo Silva, também autor de *Fina Estampa*. Além de ser presença constante ao lado de Teresa Cristina, mesmo não compactuando de seus planos vingativos, foi uma das poucas personagens que, enquanto trabalhador doméstico, também tinha uma vida particular, incluindo laços de parentesco e amantes. Essa exceção também acompanhou a personagem doméstica Kelly, de *Império*, que vivia no bairro de Santa Teresa e tinha uma relação amorosa com Manoel, dono de um bar no bairro.

Apesar dessa presença constante de trabalhadores domésticos nas narrativas de novelas, chegando muitas vezes a desempenhar papéis de destaque, essa classe de personagem nunca recebe a chancela de protagonista. Uma das raras exceções a essa condição se faz presente na novela *Cheias de Charme*, em que três domésticas são as personagens principais. Contudo, logo no início da narrativa, elas deixam de exercer essa atividade e formam um trio de cantoras, as Empreguetes. Exercendo essa nova profissão, os conflitos comuns dos serviços domésticos saem de cena para serem abordadas as disputas e ardis do meio artístico e musical.

Na grande maioria das novelas, salvo as raras exceções citadas, os trabalhadores domésticos são praticamente invisíveis sociais: eles não têm vida particular, família e relações afetivas. Não há a preocupação de construir uma personalidade para essas personagens. Evidentemente, essa representação está muito longe da realidade em que vivem os milhões de trabalhadores domésticos espalhados pelo país, que possuem uma vida pessoal, laços afetivos e familiares. Contudo, essa representação equivocada revela o olhar dos empregadores sobre seus trabalhadores domésticos. Não interessa, efetivamente, para os contratantes dos serviços, saber como é e quais são as reais dificuldades da vida pessoal de seus empregados. Os empregadores, mesmo que mantenham uma relação estreita com seus trabalhadores domésticos, desprezam totalmente suas vidas particulares.

No Brasil, as atividades domésticas foram exercidas por um longo tempo pelas escravas africanas e suas descendentes. Mesmo após a abolição da escravatura, em 1888, esse sistema continuou preservado. Muitas ex-escravas preferiram permanecer trabalhando para seus antigos proprietários, pois já estavam inseridas nessa atividade e porque julgavam que estariam mais protegidas, ocorrendo assim um hibridismo entre as atividades domésticas e o trabalho escravo. Apesar de desenvolverem um trabalho necessário, eram vistas como figuras rudes e promíscuas, desvalorização pessoal que foi transposta para as atividades domésticas que exerciam, ocasionando uma subalternidade da função. Ao longo do século xx e início do xxi, esse sistema teve poucas alterações significativas: o trabalho doméstico permanece desvalorizado e subalterno e continua sendo exercido, em sua grande maioria, por mulheres dos baixos estratos da sociedade, residentes em bairros pobres ou em favelas, sobretudo com ascendência africana. Cabe à empregada doméstica realizar as atividades mais delicadas de uma casa, no entanto é desvalorizada como trabalhadora, carregando o estigma da suposta inferioridade, o que culmina em uma desigualdade ainda maior entre o empregador e a empregada. Vale destacar ainda que, devido a essa herança escravocrata, o Brasil é o país que mais possui trabalhadores domésticos, mesmo tendo ocorrido um avanço tecnológico que facilita as atividades do lar. Segundo dados do ibge (Pnad Contínua), em 2020, devido à pandemia do novo coronavírus, o número de trabalhadores domésticos caiu de 6,4, registrado em 2019 para 4,9 milhões, sendo a grande maioria de mulheres, 4,5 milhões. Destas, 3 milhões eram negras.

Com relação às regras trabalhistas, apenas em 2013, com a proposta de emenda à Constituição, que culminou na Lei Complementar n. 150, conhecida popularmente como pec das Domésticas, é que se procurou estabelecer a igualdade de direitos trabalhistas entre os trabalhadores domésticos e os demais trabalhadores urbanos e rurais. A Lei (que prevê dias e horários de trabalho, salário-mínimo, direito a férias remuneradas, 13º salário, fgts e Previdência Social, dentre outros direitos) impactou a categoria dos empregadores, que a partir de então não podem mais usufruir do trabalho doméstico sem pagar o salário previsto pela legislação.

A Lei foi considerada um avanço para a categoria dos trabalhadores domésticos, contudo, na prática não alterou, de fato, a situação. De acordo com dados do IBGE, em 2020, apenas 25% dos empregados domésticos possuíam carteira assinada e 35,6% contribuíam com a Previdência Social. Trabalhando mais de cinquenta horas semanais, a média mensal salarial foi de R$ 826,00 (o salário-mínimo para o ano foi de R$ 1.045,00), sendo que as trabalhadoras domésticas negras recebiam 15% menos.

Pouquíssimas novelas problematizaram os aspectos negativos e o sofrimento no trabalho. As situações de assédio, apesar de existirem nas novelas, não são representadas com toda sua carga de sofrimento. No Hospital San Magno, de *Amor à Vida*, por exemplo, os funcionários eram seguidamente assediados, tanto por César, o presidente, como por Félix, responsável pelas funções administrativas. Contudo, o assédio não causava sofrimento, doenças ou desemprego, os funcionários eram solidários entre si, imitando e debochando de seus empregadores. Situação bem distante da competitividade e individualidade que caracterizam os ambientes das grandes empresas e que facilitam as ações assediadoras, culminando no surgimento de vários tipos de doenças entre os trabalhadores.

Outra situação de assédio no trabalho ocorreu em *Rock Story*. Yasmin era uma jovem e talentosa estilista que resolveu trabalhar com Glória Braga, estilista renomada e de sucesso. Numa referência ao filme *O Diabo Veste Prada* (*The Devil Wears Prada*, David Frankel, 2006), Glória passou a explorar o trabalho, o talento e a boa vontade de Yasmin, chegando a roubar a autoria de suas criações customizadas. Mas Yasmin tinha uma protetora no próprio local de trabalho, a assistente de Glória, Tina, que a filmou customizando os modelos e lançou o vídeo na internet, salvando a carreira da jovem estilista. Solução ingênua e otimista para o grave problema do assédio moral no trabalho.

Raramente as novelas assumiram um posicionamento mais crítico, revelando as contradições do trabalho. Um exemplo é *O Outro Lado do Paraíso*, que colocou em cena a questão da escravidão e da periculosidade do trabalho em minas de pedras preciosas, na região de Goiás. Apesar de ter abordado o tema num período-chave da política brasileira, imediatamente ocorreu o seu esvaziamento[10]. Clara, a "mocinha" protagonista da novela, descobriu que Sophia, a grande vilã, utilizava trabalho escravo em suas minas. Além disso, obrigava os trabalhadores a comprarem, a alto preço, roupas e mantimentos que ela mesma vendia. O objetivo de Clara, com tal descoberta, não foi exatamente ajudar os trabalhadores. Essa ajuda foi apenas uma consequência do seu plano de vingança contra Sophia. Ao colocar o trabalho escravo como meio de enriquecimento de uma vilã e tendo uma mocinha como libertadora, a narrativa transformou a exploração e a perversidade, inerentes a esse tipo de trabalho, em elemento meramente ficcional, para incrementar e polarizar as rivalidades entre as personagens. De forma maniqueísta, o trabalho escravo surgiu apenas para acirrar as disputas entre o bem e o mal. Percebe-se assim que, apesar de algumas novelas tentarem trazer para a cena um discurso mais crítico sobre as relações de trabalho, rapidamente a densidade do problema é perdida, sendo substituída ou camuflada por algum elemento ficcional, que esvazia e menospreza o real sofrimento no trabalho.

As imagens idealizadas do trabalhador, divulgadas pelas novelas, não contemplam as dificuldades diárias e as diversas questões que agridem e maltratam, cotidianamente,

10 Em 16 de outubro de 2017, o então presidente do Brasil, Michel Temer, publicou uma portaria que dificultava a caracterização do trabalho escravo pela fiscalização. Além disso, a portaria também impediu a divulgação da lista de empresas que submetiam seus funcionários a situações degradantes. Essa medida tinha por objetivo conquistar a bancada ruralista da Câmara dos Deputados e impedir o prosseguimento de seu processo de *impeachment*.

milhares de trabalhadores. Nas novelas, os trabalhadores não acordam cedo, não pegam ônibus e metrôs superlotados, não são assaltados, não comem em marmita, não reclamam dos salários nem das condições de trabalho, não fazem reivindicações nem greves, também não adoecem nem são frustrados. Essa representação está muito longe da realidade da grande maioria dos trabalhadores brasileiros, que são diariamente massacrados no trânsito e em seus empregos, vendendo por preço baixo e injusto a sua força de trabalho e, ainda, sendo assediados das mais variadas formas, da sexual à moral e da econômica à política.

Os trabalhadores idealizados das novelas raramente entram em conflito com seus empregadores. Ao contrário, numa grande maioria das vezes, "patrões" e empregados são amigos, desenvolvem laços de afetividade, o que mascara o conflito real e inerente ao processo. A representação do trabalhador nas novelas é enganosa e leva o espectador (que é massacrado pela cotidianidade do trabalho, sem criatividade e sem perspectiva) ao conformismo, inibindo efetivas práticas reivindicatórias de mudança.

As novelas, assim como outros programas da mídia brasileira, contribuem para a repetição e fortalecimento de alguns estereótipos que mascaram as reais contradições e dificuldades da vida dos trabalhadores.

CENAS DO PRÓXIMO CAPÍTULO

* Poderiam as novelas dar *o pulo do gato* e assumirem um posicionamento mais crítico e questionador frente à realidade social?

ÚLTIMO CAPÍTULO

"O PULO DO GATO" DAS NOVELAS
(NARRATIVA CRÍTICA ÀS MARGENS DO VELHO CHICO)

Quando o gato se encontra numa situação complicada, sobretudo frente a um predador, ele dá um salto não esperado, muitas vezes contorcendo o corpo, que o retira ileso da situação de presa. Com base nesse comportamento, foi criada a expressão popular "o pulo do gato", para explicar quando a pessoa tem uma ação ou ideia incomum, que a diferencia ou que permite a solução inesperada de algum problema. Na novela O Pulo do Gato, *Bubby Mariano pretendia "pular como um gato" e escapar da falência[1]. O autor, Bráulio Pedroso, também deu "o pulo do gato", construindo um argumento que satirizou e ironizou a classe mais enriquecida da sociedade brasileira. Os autores de* Velho Chico *também "pularam como um gato" e criaram uma narrativa crítica da realidade social.*

---

1   Homenageando a personagem, Bubby foi o nome com o qual batizei meu primeiro animal de estimação, um gato. Na inocência dos meus oito anos, eu não tinha audácia para imaginar quantos pulos do gato Bubby poderia dar, muito menos quantos eu mesma daria em minha vida.

Cresci[2] assistindo novelas, das seis, das sete, das nove horas. Suas imagens espetaculares me mostravam o mundo, do presente que eu vivia e do passado que jamais conheci. Aprendi com as novelas experimentando a mesma intensidade ao aprender enquanto leio livros. Elas forneceram as imagens de casas-grandes e senzalas, de sinhás e de escravos, de capitães do mato e de senhores de engenho, de cidades nordestinas e litorâneas, que surgem de forma abstrata nos livros de história e geografia. Suas personagens povoaram meu imaginário, com elas, eu dialogava e me identificava. Sobre elas, eu conversava com minha mãe e minha irmã, tornando-as pessoas queridas da família. Cada novela se tornava meu *espelho mágico*, local onde encontrava minhas aventuras da infância e resolvia meus problemas e angústias da adolescência.

O caráter contraditório das novelas, como defendi ao longo deste livro, se por um lado me ajudou a criar uma vida fantasiosa, fugindo e, de certa forma, suportando a vida real, por outro, também me ajudou a compreender aspectos da sociedade e me indicou alguns caminhos interessantes a trilhar. Muitas personagens me ajudaram a perceber e compreender as várias facetas humanas, que eu encontrava em mim mesma. Com Maria das Graças, de *Sinhá Moça*, aprendi a importância da coragem, da liberdade e da solidariedade. Descobri que ser teimosa e irreverente nem sempre é ruim, e que essas características podem ajudar a realizar projetos. Com Jô, de *A Gata Comeu* (novamente um

2   Retomo aqui, como utilizei na introdução, o discurso em primeira pessoa, abandonado ao longo do livro. Retorno a ele porque este texto tem uma função catártica na minha relação com as novelas. Foi a forma que encontrei para me reconciliar com elas. De acordo com a psicanálise, a catarse é um procedimento terapêutico que permite liberar os afetos doentios, revivendo situações traumáticas. O processo catártico permite experimentar a liberdade em relação a alguma situação opressora, através de uma resolução que se apresente de forma eficaz.

felino!), aprendi que as pessoas estão sempre mudando e que devem lutar, com força e determinação, pelo que amam e acreditam. Com Roque, de *Roque Santeiro*, aprendi que as pessoas são boas e más, que fazem coisas erradas e que podem se arrepender, que podem pedir perdão e construir uma nova vida. A forma peculiar com que Rubinho, professor de história de *Cara & Coroa*, contava os fatos, deve ter me influenciado, sobretudo de forma inconsciente, a escolher a mesma profissão.

E foi essa profissão que me afastou das novelas. Entre planejamento de aulas e correções de atividades, eu assistia um ou outro capítulo, de um ou outro horário. Quando voltei a ver novelas, já em outro contexto, haviam se passado quase vinte anos, e suas imagens espetaculares não mais me arrebatavam. Ou era meu olhar que havia mudado? Hipótese mais provável. Mergulhada nas propostas da teoria crítica, que formam o corpo teórico deste livro e me auxiliam a compreender o mundo, não percebi, de início, que eu estava vendo apenas o lado perverso da ilusão e da espetacularização. As novelas continuavam as mesmas, iludindo, fantasiando e revelando aspectos da realidade social.

Por isso, quando soube, em 2016, da participação de Carlos Betão no elenco de *Velho Chico*, ator que já conhecia do teatro, percebi a possibilidade de fazer as pazes com as novelas, de voltar a vê-las já não mais com os olhos inocentes da adolescência, mas de percebê-las em todas as suas potencialidades, tanto para mascarar e iludir como para esclarecer. As novelas, como as mais diversas obras (não apenas televisivas, mas também literárias, teatrais e cinematográficas), desde as mais requintadas até as mais medíocres, podem nos levar a conhecer e explicar fenômenos dos processos sociais de uma época, de uma sociedade. Foi nesse momento que este livro adquiriu o presente formato.

O projeto de *Velho Chico* surgiu ainda nos anos 1970, quando Benedito Ruy Barbosa, ainda repórter, viajou pelo rio São Francisco numa gaiola, grande embarcação típica da região, conversando com a população e conhecendo suas histórias de vida. O nome de Benedito e sua trajetória na Rede Globo de Televisão merecem destaque. Ele iniciou sua carreira como jornalista e publicitário. Em 1960, entrou no campo da dramaturgia, escrevendo sua primeira peça, *Fogo Frio*, que foi encenada pelo Teatro de Arena, sob direção de Augusto Boal. Em 1966, escreveu sua primeira novela para a TV Tupi, *Somos Todos Irmãos*. Nos anos seguintes, escreveu várias outras para a TV Excelsior e a Rede Record. Em 1971, escreveu sua primeira novela para a Rede Globo, *Meu Pedacinho de Chão*, abordando um dos temas que marcariam várias de suas produções, o coronelismo. A consagração veio em 1981, com *Os Imigrantes*, exibida pela TV Bandeirantes, momento em que o autor criou sua identidade no escrever novelas, tratando de questões interioranas, que ele conhece bem. Em 1990, escreveu *Pantanal*, que não foi aceita pela Rede Globo e tornou-se o grande sucesso da TV Manchete, batendo todos os índices de audiência. Diante do fato, a Rede Globo inseriu o nome de Benedito Ruy Barbosa no quadro dos autores privilegiados das novelas das nove horas; até aquele momento ele ocupava o horário das seis. A partir de então, escreveu vários sucessos para o horário nobre, como *Renascer* (1993), *O Rei do Gado* (1996) e *Terra Nostra* (1999). O episódio da novela *Pantanal* deve ter dado ao autor um trânsito mais livre na Rede Globo, pois aborda temas polêmicos de forma crítica, que normalmente a emissora cercearia.

Seguindo o percurso de Benedito Ruy Barbosa, mais de quarenta anos depois, sua filha, Edmara Barbosa, e seu neto, Bruno Luperi, navegaram pelo rio São Francisco e visitaram as comunidades ribeirinhas, encontrando outro rio e outras histórias. Histórias que mereciam ser contadas, para não serem apagadas da memória. Trata-se de três gerações de autores que criaram três gerações de personagens fictícias para contar a história real do povo que vive às margens do velho Chico, no interior da Bahia, castigado pela seca e baixa produtividade agrícola. O resultado é uma narrativa potente, que aborda a luta contra os grandes latifundiários, que se apropriaram de forma ilegal das terras dos pequenos agricultores, dos indígenas e dos quilombolas, utilizando as velhas práticas coronelistas e estabelecendo uma relação de exploração e domínio. A novela aborda a influência desses grandes latifundiários nas decisões políticas, executando projetos faraônicos, com o único objetivo de demonstrar seu poder, distante das verdadeiras necessidades da população. Por conta dos temas abordados, *Velho Chico* surgiu como um alento no horário das nove horas, trazendo novos sotaques e outras paisagens. Há tempos, as novelas desse horário estavam focadas nos grandes centros urbanos, sobretudo no eixo Rio-São Paulo, com temáticas cotidianas e corriqueiras, com repetições de vários clichês e sem nenhuma preocupação política maior.

O tema do cultivo da terra foi o pano de fundo que orientou toda a narrativa. A princípio foi destacado o cultivo de algodão, o ouro branco, cultivado na região Nordeste desde o início do século xx, após a queda da produção de cana. O plantio, colheita, beneficiamento e comercialização do algodão trouxeram riqueza para agricultores e industriais e ocupação e renda para os trabalhadores rurais. Mas também estava associado à ambição e tirania, como representado pelo coronel Jacinto Saruê. O coronel e sua família não pouparam esforços, inclusive violentos, para derrotar seu principal rival nos negócios, Ernesto Rosa, que apenas queria cultivar algodão em sua fazenda e organizar os pequenos proprietários numa cooperativa, para viverem melhor.

Nos anos 1980, com a praga do bicudo-do-algodoeiro, que revelou o acirramento dos desajustes ambientais, as lavouras de algodão foram devastadas. Os agricultores começaram a desenvolver modernos sistemas de irrigação e aproveitar as altas temperaturas da região para a produção de frutas tropicais, sobretudo manga, melão, banana e uva. Na novela, Santo dos Anjos (que fez chover no sertão, sendo o primeiro agricultor da região a utilizar o método de irrigação) e Luzia, herdeira da fazenda de Ernesto Rosa, eram agricultores de frutas na região. Eles faziam face à produção com forte cunho industrial do coronel Afrânio Saruê, filho de Jacinto, que continuava utilizando as práticas coronelistas para derrotar todos aqueles que não se submetessem aos seus mandos, sobretudo nos negócios, como a família dos Anjos.

Olívia e Miguel, por sua vez, representaram a nova geração da produção agrícola. Eles não estavam preocupados apenas em produzir alimentos, queriam, sobretudo, manter a natureza viva. Ela queria implantar um projeto de agricultura orgânica e ele de agricultura sintrópica. Os dois se uniram (no trabalho, no amor e na vida) e salvaram as terras secas na região do rio, rejuvenescendo o velho Chico e trazendo uma vida melhor para os habitantes.

A agricultura sintrópica, mais conhecida como sistema agroflorestal, já vem sendo praticada em várias regiões do Brasil, desde 1995. Trata-se de uma técnica de cultivo em harmonia com a natureza, que integra a produção de alimentos com a vegetação nativa, de acordo com os princípios da própria natureza, que nada mais é do que a produção da vida. O resultado é a recuperação do solo e de todo o bioma, numa lógica natural de amor incondicional e de respeito por todas as formas de vida[3].

---

3   A proposta foi introduzida no Brasil pelo agricultor e pesquisador suíço Ernst Götsch, que há mais de quarenta anos vem recuperando áreas degradadas, integrando a produção agrícola com a natureza. Os atores Giullia Buscacio (Olívia) e Gabriel Leone (Miguel) passaram alguns dias na fazenda de Ernst, em Piraí do Norte (BA), para compreender todo o processo da agricultura sintrópica. Maiores informações no site *Agenda Götsch*.

Na mesma época em que a novela ia ao ar, a Rede Globo lançou uma campanha publicitária em favor do agronegócio, intitulada *Agro: A Indústria-Riqueza do Brasil*. O objetivo da campanha, segundo o diretor de marketing da emissora, Roberto Schmidt, é "conectar o consumidor com o produtor rural e ao mesmo tempo desmistificar a produção agrícola aos olhos da sociedade urbana"[4]. Num jogo de imagens que se alternam rapidamente, uma voz *off* explica como vários produtos agrícolas são transformados em riqueza nacional, a partir da incorporação de técnicas e métodos industriais. A campanha é fechada com o *slogan* "Agro é pop, agro é *tech*, agro é tudo". Na verdade, a campanha publicitária estava ancorada numa aliança entre a Rede Globo de Televisão, o governo de Michel Temer e a bancada ruralista do Congresso Nacional, uma vez que o agronegócio detém um dos mercados mais lucrativos da economia brasileira, sendo um dos principais financiadores de campanhas políticas. Em troca desse financiamento, uma série de decretos foi aprovada, com o intuito de autorizar a utilização de agrotóxicos, de mascarar as verdadeiras relações de trabalho (que inclui a escravidão) e de liberar a utilização de práticas ofensivas ao ambiente no manejo da terra. Ao enaltecer o agronegócio, a campanha publicitária oculta a verdadeira dinâmica da cadeia produtiva, cada vez mais afinada com os pressupostos neoliberais. Nesse contexto, a referência à agricultura sintrópica em *Velho Chico* assume um tom ainda mais contestador.

Não à toa, Olívia e Miguel recorreram à sabedoria indígena de Ceci e seu povo, para recuperar as terras da fictícia região de Grotas de São Francisco. Conviver com a natureza de forma sustentável sempre esteve presente na filosofia e na prática dos povos indígenas. O avanço da crise ecológica

4 Ver Por que a Globo Criou a Campanha "Agro é Tech, Agro É Pop"?, *Startagro*.

e a iminência da destruição da humanidade têm resgatado a importância dessa sabedoria, colocando-a no centro das discussões como uma forma legítima e eficaz de preservação do planeta Terra e do homem. Nesse contexto, explica Alberto Acosta, o "bem viver" surge como uma proposta eficaz alternativa[5]. Trata-se de uma filosofia preocupada com a reprodução da vida, originária dos povos indígenas sul-americanos, que possui como fundamento básico o convívio respeitoso e harmonioso entre todos os seres vivos, formando sociedades sustentáveis e democráticas, baseadas na lógica econômica da solidariedade e no exercício da criatividade e do pensamento crítico. O bem viver é um novo ordenamento social, econômico e político, que busca uma ruptura radical com o desenvolvimento, o progresso e o crescimento do capitalismo neoliberal, que são a raiz da crise geral mundial. A competitividade, o consumismo e o produtivismo são substituídos pelo consumo consciente e pela produção de forma renovável, sustentável e autossuficiente, aspirando o bem-estar das coletividades, o que colocaria fim às classes sociais e redefiniria os padrões culturais. O bem viver, que está fundamentado na vigência dos direitos humanos e dos direitos da natureza, resgata sobretudo o valor de uso, abrindo as portas para uma formulação de visões alternativas de vidas e de organização econômica. O bem viver é uma filosofia de construção. Seu significado é viver em aprendizado e convivência com a natureza, compreendendo que somos "parte" dela e não podemos viver "à parte" dela. Apenas respeitando a natureza, com todos os seus seres (vegetais, animais e minerais), teremos a garantia de uma vida digna e da manutenção das diversas formas de vida no planeta. Na proposta do bem viver, o ser humano é o centro do processo, porém vivendo em comunidade e harmonia com a natureza, numa relação

5   Ver *O Bem Viver*.

de respeito. A referência ao bem viver não foi explícita em *Velho Chico*, entretanto estava presente nos pressupostos da democracia, da liberdade, da igualdade e da solidariedade que a novela defendeu e que integram a filosofia indígena.

Contudo, a novela não foi apenas denúncia; também foi um resgate da cultura popular da região. A baiana Mariene de Castro (no ritmo do samba de roda e do maracatu) e a paraibana Lucy Alves (com sua sanfona no ritmo do xote, baião, xaxado, frevo e forró) cantaram e encantaram o espectador, que teve a oportunidade de conhecer e apreciar estilos musicais pouco veiculados pela mídia. Xangai e Maciel Melo interpretavam uma dupla de repentistas. Entre desafios, combates e repiques, que afrontavam o coronel Saruê, não havia vencedor nem vencido. Quem, na verdade, saía ganhando, era o espectador. Não faltou também, nos capítulos que foram ao ar em fins de junho, uma bela festa de São João. A praça da fictícia cidade foi enfeitada com bandeirolas; os atores e figurantes dançaram e cantaram um bom forró. As festas juninas são tradicionais em todo o Nordeste brasileiro e coincidem com o período das chuvas e a colheita do milho; para a população castigada pela seca, é o momento de renovação.

As lendas do velho Chico também foram lembradas. A personagem Encarnação passava os dias às margens do rio para ver passar "o gaiola encantado", onde ela acreditava estar Inácio, o primogênito falecido, e Martim, seu neto. Segundo uma das lendas do Rio São Francisco, "o gaiola encantado" é uma grande embarcação que navega pelo rio recolhendo as almas das pessoas mortas por afogamento, como Inácio, ou em circunstâncias desconhecidas, como Martim, que foi assassinado pelo cunhado e seu corpo jamais foi encontrado.

Não é apenas a narrativa que impacta e diferencia essa novela das demais do horário das nove; *Velho Chico* foi arrojada sob muitos aspectos. Por exemplo, o número de personagens era enxuto, permitindo que todos mantivessem relações entre si (inexistindo os núcleos de personagens, típicos das novelas) e exercessem certo protagonismo. Essa foi uma forma de homenagear os vários habitantes anônimos que lutam pela vida às margens do velho Chico. Outra característica da produção de *Velho Chico* tem a ver com a fotografia estilizada, inspirada no barroco, que salientava a aparência suada e encardida das personagens. O figurino tinha um toque de romantismo e alguns trajes receberam críticas, como o de Encarnação e as espalhafatosas roupas coloridas e a peruca do coronel Afrânio Saruê. Diferente do que aconteceu com *Torre de Babel* e *Babilônia*, em que os autores fizeram ajustes para agradar o público, os autores, diretores e atores de *Velho Chico*, felizmente, não sucumbiram às críticas e às prováveis pressões da emissora, nem tentaram ajustar a narrativa ao gosto do espectador médio. Ao contrário, optaram por manter a estética original para abordar sérios problemas do povo que habita as margens do rio São Francisco. Contudo, a emissora utilizou de certas estratégias que revelaram o quanto não aprovou algumas passagens de *Velho Chico*. Antônio Fagundes, por exemplo, que interpretou o criticado coronel Afrânio, foi afastado das novelas por três anos (retornando apenas em 2019 com *Bom Sucesso*), sendo que normalmente o ator participava de uma novela a cada dois anos. Outro exemplo é do diretor Luiz Fernando Carvalho, que não teve seu contrato de exclusividade renovado pela emissora depois de trinta anos de trabalho.

A novela apresentou cenas memoráveis. Foi impossível não chorar com Zé Pirangueiro e Martim, quando o pescador relembrou o dia em que o velho Chico virou um rio de sangue. Era a época da piracema e os peixes nadavam rio acima para procriar. Mas naquele ano encontraram a barragem (construída pelo coronel Afrânio, numa demonstração de seu poder) e morreram na tentativa de fazer a vida. Desde então, os peixes deixaram de subir o rio e muitas pessoas perderam seu sustento.

Também impossível não dançar e cantar com Dalva, irreverente e destemida empregada na casa dos Sá Ribeiro, que transformava a cozinha num palco. Com seu vestido amarelo e tocando o prato, numa homenagem a Dona Edith, ela revelou todo seu talento[6]. Os vestidos de Dalva eram sempre amarelos ou azuis, e essa escolha não era inocente. No candomblé, essas cores são utilizadas para homenagear a orixá Oxum, a rainha das águas doces, como os rios, que também é o velho Chico. Dalva era consciente e tinha orgulho de sua ascendência escrava, que ela transformava em fonte de autoestima e coragem. Ela jamais mostrou-se subserviente. Sempre determinada, dizia tudo o que pensava e sentia. Para fechar o círculo, Mariene de Castro, cantora que representou Dalva na novela, é "filha de Oxum". Em quase todos os seus shows, a cantora usa o amarelo, numa homenagem à sua mãe espiritual.

Foi impossível não sentir medo com Afrânio, quando Aracaçu, de olhos arregalados e dentes à mostra, chegou correndo com facão em riste, fez um círculo na terra seca[7] e se aproximou furioso para capar Afrânio, na tentativa de vingar a honra da filha. Quando o jovem Afrânio, seminu,

6   Edith Oliveira Nogueira (1916-2009) era percussionista e cantora, conhecida como Dona Edith do Prato por dar o tom ao seu canto utilizando como instrumentos um prato e uma faca. Cantava sambas-de-roda tradicionais de Santo Amaro (BA), cidade onde nasceu, e músicas populares do Recôncavo Baiano. Apenas nos anos 1970 seu talento foi reconhecido e vários cantores e compositores a convidaram para gravações e participação em shows, dentre eles, Caetano Veloso, Maria Bethânia e Mariene de Castro, que também se dizem influenciados, em suas composições, por Dona Edith.

7   Durante as gravações da cena, os atores foram liberados pelo diretor para incorporarem criativamente suas personagens e interferirem no roteiro. Com esse incentivo, Carlos Betão resolveu homenagear Othon Bastos e seu inesquecível Corisco, de *Deus e o Diabo na Terra do Sol* (Glauber Rocha, 1964).

de joelhos, totalmente subjugado, promete casamento, Aracaçu abre os braços e sua sonora risada chamou os ventos, tornando a cena ainda mais forte e impactante.

Existem, também, muitas cenas metafóricas, como a de Martim desemparedando a alma de seu tio Inácio, falecido na infância. O choro melancólico que antes vinha de dentro do quarto, e que tanto assustava Dalva e Doninha, foi transformado numa grande risada. E a alma, finalmente livre, foi levada por uma rajada de vento.

Metafórica também foi a cena da busca do coronel Afrânio por seu filho, Martim. Descalço, andando lentamente na areia branca, ele se desfez das roupas coloridas e da peruca, se desfez do coronel que nunca foi e, como sua mãe e sua mulher haviam pedido tantas vezes, tornou-se, finalmente, o verdadeiro Afrânio. Martim estava longe, viajando no "gaiola encantado", mas nunca esteve tão perto. Vestido de branco, com longos cabelos grisalhos soltos, Afrânio encontrou o filho num moinho de vento. Bela e metafórica cena quixotesca. Metafórica porque Martim havia discutido várias vezes com o pai sobre seus projetos de poder, como a construção da barragem, que estavam destruindo o rio e maltratando a população ribeirinha. O coronel não queria escutar; só escutava a voz do poder. A construção da hidrelétrica, que altera e explora a natureza, era um projeto do coronel vencido, simbolizando a morte: dos peixes, do rio, de Martim. Os moinhos de vento simbolizam a vida. São fontes de energia eólica, um tipo de energia limpa, renovável e sustentável, de respeito à natureza. Em 2016, momento em que a novela era exibida, a Bahia já se destacava no cenário nacional na produção de energia eólica.

Outra metáfora foi a cena da morte do deputado Carlos Eduardo. Alguns capítulos anteriores, dissera ao filho, Miguel, que iria convencer os pequenos agricultores da região a migrarem da plantação de frutas para a de grãos. O filho avisou: em dois anos a terra estaria desertificada.

Carlos Eduardo respondeu: em dois anos estarei bilionário. Quando Afrânio, num processo de delação premiada, entregou documentos à polícia federal, que comprovavam o envolvimento do deputado numa série de ações corruptas, ele resolveu fugir da fazenda com malas de dinheiro, escolhendo a rota do sertão. No meio da caatinga, com o sol brilhando forte, sentindo calor e sede, Carlos Eduardo delirou com vaqueiros lhe trazendo água, mas na verdade estava comendo a terra seca. Desnorteado, ele se jogou contra um mandacaru e morreu, bilionário e com sede: o seu presságio e o do filho se realizaram. O mandacaru é uma planta do gênero cactos, típica do semiárido nordestino. Sua principal característica é armazenar água em seu caule. Mas Carlos Eduardo, apesar de estar envolvido com agricultura e ter nascido no sertão, não sabia disso e morreu de sede perto de uma fonte de água, tamanho era seu desprezo pela natureza. A personagem de Carlos Eduardo representou o típico capitalista neoliberal, que não percebe os limites da natureza nem está interessado em respeitá-la. Ele apenas busca enriquecer sempre mais, explorando ao máximo o que a terra é capaz de dar, sem se preocupar com o seu desgaste.

Por fim, uma última (e realmente é a última, tanto da novela, como deste livro) cena metafórica. Após mais de vinte anos de separação, Tereza e Santo finalmente se casaram. O grande amor que sentiam um pelo outro, e que foi abençoado pelas águas do velho Chico, deu força para que enfrentassem as rivalidades e mentiras familiares e os anos de distância. Na frente do padre Benício e na presença dos moradores da cidade, eles renovaram seu amor. Diante de tanto amor e de tanta paz, começou a chover dentro da igreja. A chuva é a melhor benção para o sertanejo, é a certeza de que não haverá nem fome, nem morte. Contudo, infelizmente, o aquecimento global tem alterado o ciclo natural das chuvas. Em muitos lugares, elas têm demonstrado sua capacidade de destruição, que nada mais é do que uma reação às atividades humanas de desrespeito à natureza. A chuva metafórica também pressagia novos tempos. Um tempo de reintegração do homem com a natureza, de valorização da liberdade e da igualdade, de respeito às diferenças e de superação das práticas autoritárias. Um tempo em que o individualismo, a competitividade e a intolerância, típicos da sociedade neoliberal, sejam substituídos pela fraternidade, pelo respeito, pela solidariedade e pela empatia por todas as formas de vida.

Com o desejo de construir essa nova sociedade terminou a novela e é com ele que eu também finalizo este livro.

FIM

CRÉDITOS FINAIS

"ESTRELA-GUIA" DAS REFLEXÕES
(REFERÊNCIAS)

Popularmente, estrela-guia é um termo que designa algo ou alguém que orienta a direção. A novela Estrela-Guia, *que foi uma das tramas mais bem-sucedidas do horário, batendo os recordes de audiência, foi escrita exclusivamente para que a cantora Sandy a protagonizasse. A ideia principal foi atrair um público mais jovem para o horário das seis horas, consagrado pelas produções de época. O elenco recebeu informação especial para a produção, participando de workshops (sobre astrologia, antropologia, mantras e sociedade alternativa para entender melhor a filosofia de vida e o cotidiano de suas personagens), que serviram de* estrela-guia *da novela.*

LIVROS

ACOSTA, Alberto. *O Bem Viver: Uma Oportunidade Para Imaginar Outros Mundos.* São Paulo: Autonomia Literária/Elefante, 2016.

ADORNO, Theodor; HORKHEIMER, Max. [1947]. A Indústria Cultural: O Esclarecimento Como Mistificação das Massas. *Dialética do Esclarecimento*. Rio de Janeiro: Zahar, 1985.

BENJAMIN, Walter. [1935-1936]. A Obra de Arte na Época da Sua Reprodutibilidade Técnica. *Magia e Técnica, Arte e Política: Ensaios Sobre Literatura e História da Cultura*. São Paulo: Brasiliense, 1994. (Obras Escolhidas, v. 1.)

BUCCI, Eugênio; KEHL, Maria Rita. *Videologias: Ensaios Sobre a Televisão*. São Paulo: Boitempo, 2004.

COLASANTI, Marina. *E Por Falar em Amor*. Rio de Janeiro: Rocco, 1986.

DARDOT, Pierre; LAVAL, Christian. *A Nova Razão do Mundo: Ensaio Sobre a Sociedade Neoliberal*. São Paulo: Boitempo, 2016.

DEBORD, Guy. [1967]. *A Sociedade do Espetáculo*. Rio de Janeiro: Contraponto, 1997.

DOLTO, Françoise. [1980]. A Descoberta da Realidade Requer Muitas Trocas. *As Etapas Decisivas da Infância*. São Paulo: Martins Fontes, 1999.

FREITAG, Bárbara. *A Teoria Crítica: Ontem e Hoje*. São Paulo: Brasiliense, 2004.

FREYRE, Gilberto. [1933]. *Casa-Grande & Senzala: Formação da Família Brasileira Sob o Regime da Economia Patriarcal*. São Paulo: Global, 2006.

FROMM, Erich. [1941]. *O Medo à Liberdade*. Rio de Janeiro: Guanabara/Koogan, 1983.

_____. [1956]. *Psicanálise da Sociedade Contemporânea*. Rio de Janeiro: Zahar, 1983.

_____. [1956]. *A Arte de Amar*. Belo Horizonte: Itatiaia, 1985.

_____. [1962]. *Meu Encontro Com Marx e Freud*. Rio de Janeiro: Guanabara, 1986.

HABERMAS, Jürgen. *Política, Arte, Religião*. Rio de Janeiro: Ática, 1980.

_____. *O Discurso Filosófico da Modernidade*. São Paulo: Martins Fontes, 2000.

HERZ, Daniel. *A História Secreta da Rede Globo*. Porto Alegre: Tchê!, 1986.

HORKHEIMER, Max. [1937]. Teoria Tradicional e Teoria Crítica. In: BENJAMIN, Walter; HORKHEIMER, Max; ADORNO, Theodor

W.; HABERMAS, Jürgen. *Textos Escolhidos*. São Paulo: Abril Cultural, 1983. (Col. Os Pensadores, v. 48.)

JAPPE, Anselm. *Guy Debord*. Petrópolis: Vozes, 1999.

KARVAT, Erivan Cassiano. *A Sociedade do Trabalho: Discursos e Práticas de Controle Sobre a Mendicidade e a Vadiagem em Curitiba (1890-1933)*. Curitiba: Aos Quatro Ventos, 1998.

KEHL, Maria Rita. *O Tempo e o Cão*. São Paulo: Boitempo, 2009.

KOFES, Suely. *Mulher, Mulheres: Identidade, Diferença e Desigualdade na Relação Entre Patroas e Empregadas Domésticas*. Campinas: Editora Unicamp, 2001.

KONDER, Leandro. *Sobre o Amor*. São Paulo: Boitempo, 2007.

KRACAUER, Siegfried. [1947]. *De Caligari a Hitler: Uma História Psicológica do Cinema Alemão*. Rio de Janeiro: Jorge Zahar, 1988.

KURZ, Robert. Prefácio à Edição Brasileira: A Sociedade do Espetáculo Trinta Anos Depois. In: JAPPE, Anselm. *Guy Debord*. Petrópolis: Vozes, 1999.

LACAN, Jacques. [1949]. O Estádio do Espelho Como Formador da Função do Eu. *Escritos*. Rio de Janeiro: Jorge Zahar, 1998.

LUKÁCS, Georg. [1923; 1967]. *História e Consciência de Classe: Estudos Sobre a Dialética Marxista*. São Paulo: Martins Fontes, 2003.

MARCUSE, Herbert. [1955]. *Eros e Civilização*. Rio de Janeiro: Zahar, 1972.

MARX, Karl. [1844]. *Manuscritos Econômico-Filosóficos*. São Paulo: Martin Claret, 2003.

_____. [1851-1852]. O Dezoito Brumário de Luís Bonaparte. *Manuscritos Econômico-Filosóficos e Outros Textos Escolhidos*. Seleção de J.A. Giannotti. São Paulo: Abril, 1974. (Col. Os Pensadores, v. 35.)

_____. [1867]. *O Capital*. Livro 1. São Paulo: Boitempo, 2013.

_____. [1936]. *A Ideologia Alemã*. São Paulo: Martin Claret, 2004.

MIRANDA, Cássio Eduardo Soares. *Amores Contemporâneos e Seus Impasses: Leituras Discursivas e Psicanalíticas*. Curitiba: Prismas, 2016.

PAZ, Octavio. *A Dupla Chama: Amor e Erotismo*. São Paulo: Siciliano, 1994.

PLATÃO. [380 a.C.]. *O Banquete*. São Paulo: Edipro, 2017.

REICH, Wilhelm. [1936]. *A Revolução Sexual*. Rio de Janeiro: Zahar, 1974.

ROUANET, Sérgio Paulo. *Teoria Crítica e Psicanálise*. Rio de Janeiro/Fortaleza: Tempo Brasileiro/Edições Universidade Federal do Ceará, 1983.

RÜDIGER, Francisco. *Comunicação e Teoria Crítica da Sociedade: Fundamentos da Crítica à Indústria Cultural em Adorno*. Porto Alegre: EDIPUCRS, 2002.

THOMAS, Erika. *Les Telenovelas entre fiction et réalité*. Paris: L'Harmattan, 2003.

VASSORT, Patrick. *L'Homme superflu: Théorie politique de la crise en cours*. Congé-sur-Orne: Le Passager clandestin, 2012.

JORNAIS E REVISTAS

BARROS, Sérgio de. O Vilão Que Nós Amamos. *Revista Doçura*. São Paulo: Morumbi, nov. 1985.

COSTA, José Filipe. Uma Teoria Por um Cinema da Realidade: Uma Leitura de Theory of Film: The Redemption of Physical Reality, de Siegfried Kracauer. *Doc on Line: Revista Digital de Cinema Documentário*, n. 1, 2006. Disponível em: <http://doc.ubi.pt/01/jose_filipe_costa_kracauer.pdf>. Acesso em: 3 jul. 2023.

FRESSATO, Soleni Biscouto; NÓVOA, Jorge. La Fin du monde-marchandise : Un illusionniste dans les vitrines de son spectacle. *Revista Illusio*, Universidade de Caen, v. 16-17, 2017.

NÓVOA, Jorge; BALANCO, Paulo. O Estágio Último do Capital: A Crise e a Dominação do Capital Financeiro no Mundo. *Caderno CRH*, n. 67, v. 26, jan.-abr. 2013. Disponível em: <https://doi.org/10.9771/ccrh.v26i67.19484>. Acesso em: 3 jul. 2023.

PAULA JORDÃO, Janaína Vieira de. Trabalhadoras Domésticas: Representação Midiática e Identidade. *Sociedade e Cultura*, v. 14, n. 1, jan.-jun. 2011. Disponível em: <https://doi.org/10.5216/sec.v14i1.15685>. Acesso em: 3 jul. 2023.

SITES

Agenda Götsch. Disponível em: <http://www.agendagotsch. com/>. Acesso em 3 jul. 2023.

BROHM, Jean-Marie. Posthumanisme et transhumanisme: le projet d'homme augmenté et de corps bionique. *Université Populaire d'Évreux, Conférences*, 15 out. 2015. Disponível em: <http://up-evreux.viabloga.com/news/posthumanism-et-transhumanisme-le-projet-d-homme-augmente-et-de-corps-bionique>. Acesso em: 3 jul. 2023.

CREM, Juliana. Personagem de Glória Pires Mostra Amor Patológico na TV. *Terra*. Sem data. Disponível em: <https://www. terra.com.br/vida-e-estilo/comportamento/personagem-de-gloria-pires-mostra-amor-patologico-na-tv,59a8430f5de 27310VgnCLD100000bbcce0aRCRD.html>. Acesso em: 3 jul. 2023.

DEJOURS, Christophe. Um Suicídio no Trabalho É Uma Mensagem Brutal. *Público*. 1º fev. 2010. Entrevista a Ana Gerschenfeld. Disponível em: <https://www.publico.pt/2010/01/30/jornal/um-suicidio-no-trabalho-e-uma-mensagem-brutal-18695223>. Acesso em: 3 jul. 2023.

GLOBO: Reveja as Nossas Campanhas. *Rede Globo*, 15 ago. 2021. Disponível em: <https://redeglobo.globo.com/novidades/playlist/globo-nossas-campanhas.ghtml>. Acesso em: 3 jul. 2023.

JHIN, Elizabeth. Autora Fala em Mudança de Fase em *Além do Tempo*. *O Globo*, 26 set. 2015. Entrevista a Patrícia Kogut. Disponível em: <https://kogut.oglobo.globo.com/noticias-da-tv/novelas/noticia/2015/09/autora-fala-de-mudanca-de-fase-em-alem-do-tempo-personagens-terao-nova-chance-de-evoluir.html>. Acesso em: 3 jul. 2023.

NOVELA FAZ MULHER Perder o Medo de Denunciar. *Estadão*, São Paulo, 29 set. 2003. Disponível em: <https://www.estadao. com.br/cultura/novela-faz-mulher-perder-medo-de-denunciar/>. Acesso em: 3 jul. 2023.

SECRETARIA DA SAÚDE DO ESTADO DA BAHIA. *OMS Alerta: Suicídio É a Terceira Causa de Morte de Jovens Brasileiros Entre 15*

e 29 Anos. Salvador, 10 set. 2020. Disponível em: <https://
www.saude.ba.gov.br/2020/09/10/oms-alerta-suicidio-
e-a-3a-causa-de-morte-de-jovens-brasileiros-entre-15-e-29-
anos/>. Acesso em: 3 jul. 2021.

START AGRO. Por Que a Globo Criou a Campanha "Agro é Tech,
Agro É Pop"?, 5 abr. 2017. Disponível em: <https://www.
startagro.agr.br/por-que-o-agronegocio-precisa-de-uma-
comunicacao-moderna/>. Acesso em: 3 jul. 2023.

XAVIER, Nilson. Telenovela Brasileira: Uma Breve História. *Teledramaturgia*, [s.d]. Disponível em: <http://teledramatur-
gia.com.br/telenovela-brasileira-historia/>. Acesso em:
3 jul. 2023.

DISSERTAÇÃO

SANTOS, Judith Karine Cavalcanti. *Quebrando as Correntes Invisíveis: Uma Análise Crítica do Trabalho Doméstico no Brasil.* Dissertação (Mestrado em Direito, Estado e Constituição). Universidade de Brasília Faculdade de Direito, Brasília, 2010.

VERBETES DE DICIONÁRIO

Nome-do-Pai. In: ROUDINESCO, Elisabeth; PLON, Michel. *Dicionário de Psicanálise.* Rio de Janeiro: Jorge Zahar, 1998.

outro. In: ROUDINESCO, Elisabeth; PLON, Michel. *Dicionário de
Psicanálise.* Rio de Janeiro: Jorge Zahar, 1998.

UM APARTE
"TOTALMENTE DEMAIS":
(REFERÊNCIAS DAS NOVELAS CITADAS)[1]

A história de Elisa, uma jovem que precisou fugir de casa, por conta do assédio do padrasto, viveu nas ruas do Rio de Janeiro e se transformou numa modelo de sucesso, sem abandonar os valores éticos que aprendeu com a mãe, conquistou o público e rendeu o Troféu Imprensa de Melhor Novela, em 2016. O público rapidamente se identificou com as referências ao conto A Gata Borralheira (*Charles Perrault, 1922*) *e ao filme* Luzes da Cidade (*Charles Chaplin, 1931*), *que transformaram a narrativa numa novela* totalmente demais.

2-5499 *Ocupado* foi exibida de 22 de julho a 7 de setembro de 1963, pela extinta TV Excelsior. Baseada na obra original do roteirista e produtor argentino, Alberto Migré, adaptada por Dulce Santucci, com direção de Tito Di Miglio.

---

1   As referências completas das novelas citadas ao longo do texto, inclusive seus resumos e informações sobre os bastidores, podem ser encontradas na página Memória Globo do site da Rede Globo de Televisão (https://memoriaglobo.globo.com/), na Wikipédia e no site *TeleDramaturgia*, criado por Nilson Xavier, também autor do *Almanaque da Telenovela Brasileira* (São Paulo: Panda Books, 2007).

A Força do Querer foi exibida de 3 de abril a 21 de outubro de 2017. Novela de Gloria Perez. Direção de Davi Lacerda, Luciana Oliveira, Cláudio Boeckel, Roberta Richard, Fábio Strazzer e Allan Fitterman. Direção geral de Pedro Vasconcelos. Direção artística de Rogério Gomes.

A Gata Comeu foi exibida de 15 de abril a 19 de outubro de 1985. Novela de Ivani Ribeiro, com colaboração de Marilu Saldanha. Direção de Herval Rossano e José Carlos Pieri. Direção geral de Herval Rossano.

A Indomada foi exibida de 17 de fevereiro a 11 de outubro de 1997. Escrita por Aguinaldo Silva e Ricardo Linhares, com a colaboração de Maria Elisa Berredo, Márcia Prates e Nelson Nadotti. Direção de Marcos Paulo, Roberto Naar e Luiz Henrique Rios. Direção geral de Marcos Paulo.

A Lei do Amor foi exibida de 3 de outubro de 2016 a 31 de março de 2017. Novela de Maria Adelaide Amaral e Vincent Villari. Colaboração de Álvaro Ramos, Juliano Righetto, Letícia Mey, Marta Nehring, Paola Prestes e Rodrigo Amaral. Direção de Oscar Francisco, André Barros, Giovanna Machline, Natália Wrath e Joaquim Carneiro. Direção geral de Natália Grimberg e Denise Saraceni. Direção artística de Denise Saraceni.

A Regra do Jogo foi exibida de 31 de agosto de 2015 a 12 de março de 2016. Novela de João Emanuel Carneiro, com colaboração de Alessandro Marson, Thereza Falcão, Antônio Prata, Cláudio Simões, Paula Amaral e Fábio Mendes. Direção de Marcelo Travesso, Henrique Sauer, Enrique Diaz e Guto Arruda Botelho. Direção geral de Amora Mautner, Joana Jabace e Paulo Silvestrini. Direção de núcleo de Amora Mautner.

A Vida da Gente foi exibida de 26 de setembro de 2011 a 3 de março de 2012. Novela de Lícia Manzo. Escrita por Lícia Manzo e Marcos Bernstein com colaboração de Álvaro Ramos, Carlos Gregório, Giovana Moraes, Marta Góes, Tati Bernardi, Dora Castellar e Daniel Adjafre. Direção de Teresa Lampreia, Luciano Sabino, Adriano Melo e Leonardo Nogueira. Direção geral de Jayme Monjardim e Fabrício Mamberti. Núcleo Jayme Monjardim.

Além do Tempo foi exibida de 13 de julho de 2015 a 16 de janeiro de 2016. Novela de Elizabeth Jhin. Colaboração de Eliane Garcia, Lilian Garcia, Duba Elia, Renata Jhin, Vinícius Vianna e Wagner de Assis. Direção de Luciana Oliveira, Roberta Richard e Davi Lacerda. Direção geral de Pedro Vasconcelos. Direção de núcleo de Rogério Gomes.

Alma Gêmea foi exibida de 20 de junho de 2005 a 11 de março de 2006. Novela de Walcyr Carrasco com colaboração de Thelma Guedes. Direção de Fred Mayrink e Pedro Vasconcelos. Direção geral de Jorge Fernando. Núcleo Jorge Fernando.

Alto Astral foi exibida de 3 de novembro de 2014 a 9 de maio de 2015. Novela de Daniel Ortiz baseada na sinopse de Andrea Maltarolli, com supervisão de texto de Silvio de Abreu. Escrita com Cláudia Souto, Daniel Berlinsky, Flávia Bessone, Maria Helena Nascimento e Maurício Moraes. Direção de Jorge Fernando, Fred Mayrink, Marcelo Zambelli, Ana Paula Guimarães e Alexandre Klemperer. Direção geral de Jorge Fernando e Fred Mayrink.

América foi exibida de 14 de março a 5 de novembro de 2005. Novela de Gloria Perez. Direção de Marcelo Travesso, Tereza Lampreia, Federico Bonani, Carlo Milani e Luciano Sabino. Direção geral de Jayme Monjardim e Marcos Schechtman. Núcleo Jayme Monjardim e Mário Lúcio Vaz.

Amor à Vida foi exibida de 20 de maio de 2013 a 1º de fevereiro de 2014. Novela de Walcyr Carrasco. Colaboração de Daisy Chaves, Eliane Garcia, Daniel Berlinsky e Márcio Haiduck. Direção de André Barros, André Felipe Binder, Marcelo Travesso, Marco Rodrigo e Marcus Figueiredo. Direção geral de Mauro Mendonça Filho. Núcleo Wolf Maya.

Amor Com Amor Se Paga foi exibida de 19 de março a 15 de setembro de 1984. Novela de Ivani Ribeiro. Direção de Gonzaga Blota, Atílio Riccó e Jayme Monjardim. Direção geral de Gonzaga Blota.

Amor de Mãe estreou em 25 de novembro de 2019 e foi interrompida em 21 de março de 2020, devido aos impactos da pandemia do novo coronavírus no Brasil. Em seu lugar, foram reapresentadas as novelas *Fina Estampa* (2011-2012) e *A Força do Querer* (2017). De 15 de março a 9 de abril de 2021 foi exibida a segunda parte da trama, com os 23 capítulos finais. Escrita por Manuela Dias, com colaboração de Mariana Mesquita, Roberto Vitorino e Walter Daguerre, com supervisão de texto de Ricardo Linhares. Dirigida por Walter Carvalho, Noa Bressane, Philippe Barcinski, Isabella Teixeira, Fellipe Barbosa e Cristiano Marques. Direção geral e artística de José Luiz Villamarim.

Amor, Eterno Amor foi exibida de 5 de março a 8 de setembro de 2012. Novela de Elizabeth Jhin. Escrita com Denise Bandeira, Duba Elia, Eliane Garcia, Lilian Garcia e Renata Jhin. Direção de Roberta Richard, Luciana Oliveira, Paulo Ghelli e Fábio Strazzer. Direção geral de Pedro Vasconcelos. Núcleo Rogério Gomes.

Amorteamo foi exibida de 8 de maio a 5 de junho de 2015. Minissérie de Cláudio Paiva, Guel Arraes e Newton Moreno, com direção geral de Flavia Lacerda.

Anastácia, a Mulher Sem Destino foi exibida de 28 de junho a 16 de dezembro de 1967. Novela de Emiliano Queiróz e Janete Clair, com supervisão de texto de Glória Magadan. Baseada no folhetim francês *A Toutinegra do Moinho* de Émile de Richebourg. Direção de Henrique Martins.

Araguaia foi exibida 27 de setembro de 2010 a 9 de abril de 2011. Escrita por Walther Negrão, com colaboração de Jackie Vellego, Renato Modesto, Júlio Fischer, Alessandro Marson e Fausto Galvão. Direção de Fred Mayrink, Luciano Sabino e Alexandre Klemperer. Direção geral de Marcelo Travesso e Marcos Schechtman.

Araponga foi exibida de 15 de outubro de 1990 a 29 de março de 1991. Novela de Dias Gomes. Escrita por Dias Gomes, Lauro César Muniz e Ferreira Gullar. Direção de Cecil Thiré, Lucas Bueno e Fred Confalonieri. Direção geral de Cecil Thiré.

Avenida Brasil foi exibida de 26 de março a 20 de outubro de 2012. Novela de João Emanuel Carneiro com colaboração de Alessandro Marson, Antônio Prata, Luciana Pessanha, Márcia Prates e Thereza Falcão. Direção de Gustavo Fernandez, Paulo Silvestrini, Joana Jabace, Thiago Teitelroit e André Câmara. Direção geral de Amora Mautner e José Luiz Villamarim. Núcleo Ricardo Waddington.

A Viagem. A primeira versão foi exibida de 1º de outubro de 1975 a 27 de março de 1976 pela extinta TV Tupi. Novela de Ivani Ribeiro com direção de Edison Braga e Atílio Riccó e supervisão geral de Carlos Zara. A segunda versão foi exibida de 11 de abril a 22 de outubro de 1994. Novela de Ivani Ribeiro, com colaboração de Solange Castro Neves. Direção de Wolf Maya, Ignácio Coqueiro e Maurício Farias. Direção geral de Wolf Maya.

Babilônia foi exibida de 16 de março a 29 de agosto de 2015. Novela de Gilberto Braga, Ricardo Linhares e João Ximenez Braga. Colaboração de Sérgio Marques, Ângela Carneiro, Chico Soares, Fernando Rebello, João Brandão, Luciana Pessanha e Maria Camargo. Direção de Cristiano Marques, Luísa Lima, Pedro Peregrino e Giovanna Machline. Direção de Dennis Carvalho, Maria de Médicis e Vinicius Coimbra. Direção geral de Dennis Carvalho e Maria de Médicis. Núcleo Dennis Carvalho.

Baila Comigo foi exibida de 16 de março a 26 de setembro de 1981. Novela de Manoel Carlos. Direção de Roberto Talma e Paulo Ubiratan. Direção geral de Roberto Talma.

Barriga de Aluguel foi exibida de 20 de agosto de 1990 a 1º de junho de 1991. Novela de Gloria Perez com colaboração de Leila Miccolis. Direção de Wolf Maya, Ignácio Coqueiro e Sílvio de Francisco. Direção geral de Wolf Maya.

Cabocla. A primeira versão foi exibida de 4 de junho a 15 de dezembro de 1979. Baseada no romance homônimo de Ribeiro Couto, foi adaptada por Benedito Ruy Barbosa, sob direção de Herval Rossano. A segunda versão foi exibida de

10 de maio a 20 de novembro de 2004. Baseada no romance homônimo de Ribeiro Couto, foi adaptada por Benedito Ruy Barbosa, com a colaboração de Edmara Barbosa e Edilene Barbosa. Dirigida por Fred Mayrink, André Felipe Binder e Pedro Vasconcelos. Direção geral de José Luiz Villamarim e Rogério Gomes. Direção de núcleo de Ricardo Waddington.

Caminho das Índias foi exibida de 19 de janeiro a 12 de setembro de 2009. Novela de Gloria Perez com colaboração de Carlos Lombardi e Elizabeth Jhin. Direção de Marcelo Travesso, Fred Mayrink, Luciano Sabino, Roberto Carminatti, Leonardo Nogueira e Marco Antônio Ferreira. Direção geral de Marcos Schechtmann.

Cara & Coroa foi exibida de 24 de julho de 1995 a 30 de março de 1996. Novela de Antônio Calmon, escrita por Antônio Calmon, Ângela Carneiro, Lílian Garcia e Eliane Garcia. Direção de Wolf Maya, Maurício Farias, André Schultz, José Luiz Villamarin e Carlos Magalhães. Direção geral de Wolf Maya.

Cheias de Charme foi exibida de 16 de abril a 29 de setembro de 2012. Novela de Filipe Miguez e Izabel de Oliveira. Colaboração de Daisy Chaves, Izabel Muniz, João Brandão, Laís Mendes Pimentel, Paula Amaral e Sérgio Marques. Supervisão de texto de Ricardo Linhares. Direção de Allan Fiterman, Maria de Médicis e Natália Grimberg. Direção geral de Carlos Araújo. Núcleo Denise Saraceni.

De Corpo e Alma foi exibida de 3 de agosto de 1992 a 6 de março de 1993. Novela de Gloria Perez. Direção de Roberto Talma, Fábio Sabag e Ivan Zettel. Direção geral de Roberto Talma.

Dona Xepa foi exibida de 24 de maio a 24 de outubro de 1977. Novela de Gilberto Braga, baseada na peça de Pedro Bloch. Direção de Herval Rossano.

Em Família foi exibida de 3 de fevereiro a 19 de julho de 2014. Novela de Manoel Carlos com colaboração de Ângela Chaves, Juliana Peres, Maria Carolina, Mariana Torres, Marcelo Saback, Álvaro Ramos e Guilherme Vasconcellos. Direção de Adriano Melo, João Boltshauser, Luciano Sabino, Teresa Lampreia e Thiago Teitelroit. Direção geral de Jayme Monjardim e Leonardo Nogueira. Núcleo de Jayme Monjardim.

Escrava Isaura foi exibida de 11 de outubro de 1976 a 5 de fevereiro de 1977. Novela de Gilberto Braga, baseada no romance *A Escrava Isaura* de Bernardo Guimarães. Direção de Herval Rossano e Milton Gonçalves. Direção geral de Herval Rossano.

Escrito nas Estrelas foi exibida de 12 de abril a 25 de setembro de 2010. Novela de Elizabeth Jhin, escrita por Elizabeth Jhin, Eliane Garcia, Lílian Garcia, Denise Bandeira e Duba Elia. Direção de Rogério Gomes, Pedro Vasconcelos, André Felipe Binder, Fábio Strazzer e Roberta Richard. Direção geral de Pedro Vasconcelos. Núcleo Rogério Gomes.

Espelho Mágico foi exibida de 14 de junho a 5 de dezembro de 1977. Novela de Lauro César Muniz. Direção de Daniel Filho, Gonzaga Blota e Marco Aurélio Bagno. Direção geral de Daniel Filho.

Estrela-Guia foi exibida de 12 de março a 16 de junho de 2001. Novela de Ana Maria Moretzsohn. Escrita por Daisy Chaves, Izabel de Oliveira, Fernando Rebello e Patrícia Moretzsohn. Direção de Ulisses Cruz e Maria de Médicis. Direção geral de Denise Saraceni e Carlos Araújo. Núcleo Denise Saraceni.

Eu Prometo foi exibida de 19 de setembro de 1983 a 17 de fevereiro de 1984. Novela de Janete Clair, escrita por Janete Clair e Gloria Perez. Direção de Dennis Carvalho e Luís Antônio Piá. Direção geral de Dennis Carvalho e supervisão de Paulo Ubiratan.

Êta Mundo Bom foi exibida de 18 de janeiro a 27 de agosto de 2016. Novela de Walcyr Carrasco, escrita por Walcyr Carrasco e Maria Elisa Berredo, com colaboração de Daniel Berlinsky, Marcio Haiduk, Cláudia Tajes, Nelson Nadotti e Vinícius Vianna. Direção de Ana Paula Guimarães, Marcelo Zambelli e Diego Morais. Direção geral de Jorge Fernando. Direção artística de Jorge Fernando.

Eterna Magia foi exibida de 14 de maio a 3 de novembro de 2007. Novela de Elizabeth Jhin, escrita com Eliane Garcia, Fernando Rebello, Lílian Garcia e Júlio Fischer e supervisão de texto de Silvio de Abreu. Direção de Edson Erdmann, Frederico Bonani, Natália Grimberg. Direção geral de Ulysses Cruz. Núcleo Carlos Manga.

Explode Coração foi exibida de 6 de novembro de 1995 a 4 de maio de 1996. Novela de Gloria Perez. Direção de Dennis Carvalho, Ary Coslov, Gracindo Júnior e Carlos Araújo. Direção geral de Dennis Carvalho.

Fera Ferida foi exibida de 15 de novembro de 1993 a 16 de julho de 1994. Escrita por Aguinaldo Silva, Ricardo Linhares e Ana Maria Moretzsohn, com colaboração de Márcia Prates e Flávio de Campos. Livremente inspirada nas obras de Lima Barreto, em específico, nos romances *Clara dos Anjos*, *Recordações do Escrivão Isaías Caminha*, *Triste Fim de Policarpo Quaresma* e *Vida e Morte de M.J. Gonzaga de Sá* e em personagens dos contos "A Nova Califórnia" e "O Homem Que Sabia Javanês". Direção de Carlos Magalhães e Carlos Araújo. Direção geral e núcleo de Dennis Carvalho e Marcos Paulo.

Fina Estampa foi exibida de 22 de agosto de 2011 a 23 de março de 2012. Novela de Aguinaldo Silva, escrita com Maria Elisa Berredo, Patrícia Moretzsohn e Nelson Nadotti e com colaboração de Meg Santos, Rodrigo Ribeiro, Maurício Gyboski, Brunno Pires e Ruy Vilhena. Direção de Ary Coslov, Cláudio Boekel, Marcelo Travesso, Marco Rodrigo e Marcus Figueiredo. Direção geral e núcleo de Wolf Maya.

Flor do Caribe foi exibida de 11 de março a 14 de setembro de 2013. Novela de Walther Negrão, escrita por Alessandro Marson, Fausto Galvão, Júlio Fischer, Suzana Pires, Vinícius Vianna e Walther Negrão. Direção de Tereza Lampreia, Thiago Teitelroit, Fábio Strazzer e João Bolthauser. Direção geral de Jayme Monjardim e Leonardo Nogueira. Núcleo Jayme Monjardim.

Gabriela. A primeira versão foi exibida de 14 de abril a 24 de outubro de 1975. Escrita por Walter George Durst, adaptada do romance *Gabriela, Cravo e Canela*, de Jorge Amado. Direção de Walter Avancini e Gonzaga Blota. A segunda versão foi exibida de 18 de junho a 26 de outubro de 2012. Escrita por Walcyr Carrasco, com a colaboração de André Ryoki e Daniel Berlinsky, livremente inspirada no romance homônimo de Jorge Amado. Direção de André Felipe Binder, Marcelo Travesso, Noa Bressane e André Barros. Direção geral de Mauro Mendonça Filho. Direção de núcleo de Roberto Talma.

História de Amor foi exibida de 3 de julho de 1995 a 2 de março de 1996. Novela de Manoel Carlos, escrita por Manoel Carlos, Elizabeth Jhin, Marcus Toledo e Maria Carolina. Direção de Ricardo Waddington, Roberto Naar e Alexandre Avancini. Direção geral de Ricardo Waddington.

Ilusões Perdidas foi exibida de 26 de abril a 30 de julho de 1965. Novela de Ênia Petri, com direção de Líbero Miguel e Sérgio Britto.

Império foi exibida de 21 de julho de 2014 a 14 de março de 2015. Novela de Aguinaldo Silva. Colaboração de Maurício Gyboski, Márcia Prates, Nelson Nadotti, Zé Dassilva, Renata Dias Gomes, Rodrigo Ribeiro, Megg Santos e Brunno Pires. Direção de Cláudio Bockel, Luciana Oliveira, Roberta Richard, Tande Bressane e Davi Lacerda. Direção geral de Rogério Gomes, Pedro Vasconcellos e André Felipe Binder. Núcleo Rogério Gomes.

Insensato Coração foi exibida de 17 de janeiro a 20 de agosto de 2011. Novela de Gilberto Braga e Ricardo Linhares. Escrita com Ângela Carneiro, Maria Helena Nascimento, Nelson Nadotti, João Ximenes Braga, Fernando Rebello, Izabel de Oliveira e Sérgio Marques. Direção de Cristiano Marques, Flávia Lacerda, Maria de Médicis e Luísa Lima. Direção geral de Dennis Carvalho e Vinícius Coimbra. Núcleo Dennis Carvalho.

Jogo da Vida foi exibida de 26 de outubro de 1981 a 8 de maio de 1982. Novela de Sílvio de Abreu com argumento de Janete Clair. Direção de Roberto Talma, Jorge Fernando e Guel Arraes. Direção geral de Roberto Talma.

Laços de Família foi exibida de 5 de junho de 2000 a 3 de fevereiro de 2001. Novela de Manoel Carlos com colaboração de Maria Carolina, Vinícius Vianna, Flávia Lins e Silva e Fausto Galvão. Direção de Moacyr Góes e Leandro Neri. Direção geral de Ricardo Waddington, Rogério Gomes e Marcos Schechtmann. Núcleo Ricardo Waddington.

Louco Amor foi exibida de 11 de abril a 21 de outubro de 1983. Novela de Gilberto Braga com colaboração de Leonor Bassères. Direção de Wolf Maya, José Wilker, Fred Confalonieri e Ary Coslov. Supervisão de Paulo Ubiratan.

Malhação foi exibida de 24 de abril de 1995 a 3 de abril de 2020. A série inaugurou um novo conceito de teledramaturgia na emissora, com um formato semelhante às *soap operas* americanas, que têm como características a data de término em aberto e maior flexibilidade para mudanças nas narrativas paralelas e no perfil das personagens. Originalmente foi criada por Andréa Maltarolli e Emanuel Jacobina, sob a direção de Roberto Talma.

Mar do Sertão foi exibida de 22 de agosto de 2022 a 18 de março de 2023. Escrita por Mário Teixeira, com colaboração de Marcos Lazarini, Claudia Gomes, Dino Cantelli e Carolina Santos. Direção de Bernardo Sá, Mariana Duarte, Natália Warth e Rogério Sagui. Direção geral de Pedro Brenelli e direção artística de Allan Fiterman.

Memórias de Amor foi exibida de 5 de março a 2 de junho de 1979. Novela de Wilson Aguiar Filho, baseada no romance *O Ateneu* de Raul Pompéia. Direção de Gracindo Júnior e supervisão de Herval Rossano.

Meu Bem Querer foi exibida de 24 de agosto de 1998 a 20 de março de 1999. Novela de Ricardo Linhares, escrita por Ricardo Linhares, Leonor Bosséres, Nelson Nadotti, Maria

Elisa Berredo e Glória Barreto, com supervisão de texto de Aguinaldo Silva.

Meu Pedacinho de Chão. A primeira versão foi exibida de 16 de agosto de 1971 a 6 de maio de 1972. Novela de Benedito Ruy Barbosa, com colaboração de Teixeira Filho e direção de Dionísio Azevedo. A segunda versão foi exibida de 7 de abril a 2 de agosto de 2014. Novela de Benedito Ruy Barbosa, com colaboração de Edilene Barbosa e Marcos Barbosa de Bernardo. Direção de Luiz Fernando Carvalho, Carlos Araújo, Henrique Sauer e Pedro Freire. Direção geral e núcleo de Luiz Fernando Carvalho.

Mulheres Apaixonadas foi exibida de 17 de fevereiro a 11 de outubro de 2003. Novela de Manoel Carlos com colaboração de Maria Carolina, Fausto Galvão e Vinícius Vianna. Direção de Ary Coslov e Marcelo Travesso. Direção geral de Ricardo Waddington, Rogério Gomes e José Luiz Villamarim. Núcleo Ricardo Waddington.

O Astro. A primeira versão foi exibida de 6 de dezembro de 1977 a 8 de julho de 1978. Novela de Janete Clair. Direção de Daniel Filho e Gonzaga Blota. Direção geral de Daniel Filho. A segunda versão foi exibida de 12 de julho a 28 de outubro de 2011. Novela de Alcides Nogueira e Geraldo Carneiro, com colaboração de Tarcísio Lara Puiati e Vitor de Oliveira. Direção de Fred Mayrink, Allan Fiterman e Noa Bressane. Direção geral de Mauro Mendonça Filho. Núcleo Roberto Talma.

O Bem-Amado foi exibida de 24 de janeiro a 9 de outubro de 1973. Novela de Dias Gomes, com direção de Régis Cardoso e supervisão de Daniel Filho.

O Clone foi exibida de 10 de outubro de 2001 a 15 de junho de 2002. Novela de Gloria Perez. Direção de Teresa Lampreia e Marcelo Travesso. Direção geral de Jayme Monjardim, Mário Márcio Bandarra e Marcos Schechtmann. Núcleo Jayme Monjardim.

O Ébrio foi exibida de 8 de novembro de 1965 a fevereiro de 1966. Novela de José e Heloísa Castellar, baseada na obra de Vicente Celestino. Direção de Líbero Miguel.

O Espigão foi exibida de 3 de abril a 10 de novembro de 1974. Novela de Dias Gomes. Direção de Régis Cardoso e supervisão de Daniel Filho.

O Fim do Mundo foi exibida de 6 de maio a 14 de junho de 1996. Escrita por Dias Gomes, com colaboração de Ferreira Gullar. Direção de Gonzaga Blota e Paulo Ubiratan.

O Pulo do Gato foi exibida de 16 de janeiro a 28 de julho de 1978. Novela de Bráulio Pedroso. Direção de Jardel Mello e supervisão de Wálter Avancini.

O Profeta. A primeira versão foi exibida de 24 de outubro de 1977 a 29 de abril de 1978, pela extinta tv Tupi. Novela de Ivani Ribeiro com direção de Antonino Seabra e Álvaro Fugulin. A segunda versão foi exibida de 16 de outubro de 2006 a 12 de maio de 2007. Novela de Duca Rachid, Thelma Guedes e Júlio Fischer, com colaboração de André Ryoki, Thereza Falcão e Alessandro Marson e supervisão de texto de Walcyr Carrasco. Direção de Vinícius Coimbra e Alexandre Boury. Direção geral de Mario Márcio Bandarra. Núcleo Roberto Talma.

O Rei do Gado foi exibida de 17 de junho de 1996 a 15 de fevereiro de 1997. Novela de Benedito Ruy Barbosa, com colaboração de Edmara Barbosa e Edilene Barbosa. Direção de Luiz Fernando Carvalho, Carlos Araújo, Emílio Di Biase e José Luís Villamarim. Direção geral de Luiz Fernando Carvalho.

O Outro Lado do Paraíso foi exibida de 23 de outubro de 2017 a 12 de maio de 2018. Novela de Walcyr Carrasco com colaboração de Nelson Nadotti, Maurício Haiduck e Vinícius Vianna. Direção de André Felipe Binder, André Barros, Caio Campos, Henrique Sauer, Mariana Richard e Pedro Peregrino. Direção geral de André Felipe Binder. Direção artística de Mauro Mendonça Filho.

Onde Nascem os Fortes foi exibida de 23 de abril a 16 de julho de 2018. Escrita por George Moura e Sergio Goldenberg, com colaboração de Flavio Araujo, Mariana Mesquita, Claudia Jouvin e Marta Góes. Direção de Walter Carvalho e Isabella Teixeira. Direção geral de Luisa Lima. Direção artística de José Luiz Villamarim.

Os Dias Eram Assim foi exibida de 17 de abril a 18 de setembro de 2017. Escrita por Ângela Chaves e Alessandra Poggi, com colaboração de Guilherme Vasconcelos e Mariana Torres. Direção geral de Gustavo Fernandez. Direção geral e artística de Carlos Araújo.

Os Gigantes foi exibida de 20 de agosto de 1979 a 2 de fevereiro de 1980. Novela de Lauro César Muniz, escrita por Lauro César Muniz, Maria Adelaide Amaral e Walter George Durst. Direção de Régis Cardoso e Jardel Mello.

Páginas da Vida foi exibida de 10 de julho de 2006 a 3 de março de 2007. Novela de Manoel Carlos, escrita por Manoel Carlos e Fausto Galvão, colaboração de Maria Carolina, Juliana Peres, Ângela Chaves e Daisy Chaves. Direção de Teresa Lampreia, Luciano Sabino, Fred Mayrink, Adriano Melo e Maria José Rodrigues. Direção geral de Jayme Monjardim e Fabrício Mamberti. Núcleo Jayme Monjardim.

Pantanal foi exibida de 27 de março a 11 de dezembro de 1990 pela Rede Manchete de Televisão. Novela de Benedito Ruy Barbosa, direção de Carlos Magalhães, Roberto Naar e Marcelo de Barreto e direção geral de Jayme Monjardim. Em 2022, a Rede Globo de Televisão levou ao ar uma nova versão de *Pantanal*, adaptada por Bruno Luperi. Direção de Davi Lacerda, Noa Bressane, Roberta Richard, Walter Carvalho e Cristiano Marques. Direção artística de Rogério Gomes e Gustavo Fernandez.

Pecado Rasgado foi exibida de 4 de setembro de 1978 a 17 de março de 1979. Novela de Silvio de Abreu. Direção de Régis Cardoso.

Pedra Sobre Pedra foi exibida de 6 de janeiro a 31 de julho de 1992. Escrita por Aguinaldo Silva, Ricardo Linhares e Ana Maria Moretzsohn, com colaboração de Márcia Prates e Flávio de Campos. Direção de Paulo Ubiratan, Luiz Fernando Carvalho, Gonzaga Blota e Carlos Magalhães. Direção geral de Paulo Ubiratan.

Pega Pega foi exibida de 6 de junho de 2017 a 8 de janeiro de 2018. Novela de Cláudia Souto. Colaboração de Daniel Berlinsky, Isadora Wilkinson, Wendell Bendelack e Júlia Lacks. Direção de Luiz Felipe Sá, Noa Bressane, Ana Paula Guimarães e Dayse Amaral Dias. Direção geral de Marcus Figueiredo. Direção artística de Luiz Henrique Rios.

Que Rei Sou Eu? foi exibida de 13 de fevereiro a 16 de setembro de 1989. Novela de Cassiano Gabus Mendes com colaboração de Luís Carlos Fusco. Direção de Jorge Fernando, Mário Márcio Bandarra, Lucas Bueno e Fábio Sabag. Direção geral de Jorge Fernando.

Rainha da Sucata foi exibida de 2 de abril a 26 de outubro de 1990. Novela de Silvio de Abreu com colaboração de Alcides Nogueira e José Antonio de Souza. Direção de Fabio Sabag, Mário Márcio Bandarra e Jodele Larcher. Direção geral e de núcleo de Jorge Fernando.

Renascer foi exibida de 8 de março a 14 de novembro de 1993. Novela de Benedito Ruy Barbosa com colaboração de Edmara Barbosa e Edilene Barbosa. Direção de Luís Fernando Carvalho, Mauro Mendonça Filho e Emílio di Biasi. Direção geral de Luiz Fernando Carvalho.

Rock Story foi exibida de 9 de novembro de 2016 a 5 de junho de 2017. Novela de Maria Helena Nascimento com supervisão de texto de Ricardo Linhares. Colaboração de Ângela Chaves, Cláudio Lisboa, Chico Soares, Daisy Chaves e Eliane Garcia. Direção de Cristiano Marques, Noa Bressane, Pedro Peregrino e Marcelo Zambelli. Direção geral de Dennis Carvalho e Maria de Médicis. Direção artística de Dennis Carvalho.

Roque Santeiro foi exibida de 24 de junho de 1985 a 22 de fevereiro de 1986. Novela de Dias Gomes, escrita por Dias Gomes e Aguinaldo Silva com colaboração de Marcílio Moraes e Joaquim Assis. Direção de Gonzaga Blota, Marcos Paulo, Jayme Monjardim e Paulo Ubiratan.

Rosinha do Sobrado foi exibida de 3 de agosto a outubro de 1965. Novela de Moysés Weltman, com direção de Graça Mello.

Sabor da Paixão foi exibida de 30 de setembro de 2002 a 21 de março de 2003. Novela de Ana Maria Moretzsohn, escrita por Ana Maria Moretzsohn, Daisy Chaves, Fernando Rebello, Glória Barreto e Izabel de Oliveira. Direção de Fabrício Mamberti, Ulysses Cruz, Maria de Médicis e Vinícius Coimbra. Direção geral de Denise Saraceni. Núcleo Denise Saraceni.

Salve Jorge foi exibida de 22 de outubro de 2012 a 18 de maio de 2013. Novela de Gloria Perez. Direção de Luciano Sabino, Alexandre Klemperer, Adriano Mello, João Paulo Jabur e João Boltshauser. Direção geral de Marcos Schechtmann e Fred Mayrink. Núcleo Marcos Schechtmann.

Salve-se Quem Puder estreou em 27 de janeiro de 2020 e foi interrompida em 28 de março, devido aos impactos da pandemia de covid-19 no Brasil. Em seu lugar, foram reapresentadas as novelas *Totalmente Demais* e *Haja Coração*. A segunda parte da trama retornou ao ar em 17 de maio, sendo finalizada em 16 de julho de 2021. Escrita por Daniel Ortiz, com a colaboração de Flávia Bessone, Nilton Braga, Pedro Neschling, Gabriela Miranda, Bruno Segadilha e Victor Atherino. Direção de Alexandre Klemperer, Bia Coelho, Hugo de Sousa, João Bolthauser e João Paulo Jabur. Direção geral de Marcelo Travesso e direção artística de Fred Mayrink.

Saramandaia. A primeira versão foi exibida de 3 de maio a 31 de dezembro de 1976. Novela de Dias Gomes. Direção de Wálter Avancini, Roberto Talma e Gonzaga Blota. A segunda versão foi exibida de 24 de junho a 27 de setembro de 2013. Novela de Ricardo Linhares, baseada no original de

Dias Gomes, com colaboração de Ana Maria Moretzsohn, Nelson Nadotti e João Brandão. Direção de Natália Grimberg, Calvito Leal, Adriano Melo e Oscar Francisco. Direção geral de Denise Saraceni e Fabrício Mamberti. Direção de núcleo de Denise Saraceni.

Senhora foi exibida de 30 de junho a 17 de outubro de 1975. Novela de Gilberto Braga, baseada no romance homônimo de José de Alencar, com direção de Herval Rossano.

Sinhá Moça. A primeira versão foi exibida de 28 de abril a 15 de novembro de 1986. Novela de Benedito Ruy Barbosa com colaboração de Edmara Barbosa, baseada no romance homônimo de Maria Dezonne Pacheco Fernandes. Direção de Reynaldo Boury e Jayme Monjardim. A segunda versão foi exibida de 13 de março a 14 de outubro de 2006. Novela de Benedito Ruy Barbosa, com adaptação de Edmara Barbosa e Edilene Barbosa. Direção de Marcelo Travesso, Luiz Antônio Pilar e André Felipe Binder. Direção geral de Rogério Gomes. Núcleo Ricardo Waddington.

Sua Vida Me Pertence foi exibida de 21 de dezembro de 1951 a 8 de fevereiro de 1952, pela extinta TV Tupi. Escrita e dirigida por Wálter Forster.

Tempos Modernos foi exibida de 11 de janeiro a 17 de julho de 2010. Novela de Bosco Brasil. Escrita por Maria Elisa Berredo, Mário Teixeira, Izabel de Oliveira, Patrícia Moretzsohn, Marcos Lazzarini e Bosco Brasil, com supervisão de texto de Aguinaldo Silva. Direção de Paulo Silvestrini, Carlo Milani e Luciana Oliveira. Direção geral José Luiz Villamarim.

Top Model foi exibida de 18 de setembro de 1989 a 5 de maio de 1990. Novela de Walther Negrão e Antônio Calmon, com colaboração de Vinícius Vianna e Rose Calza. Direção de Mário Márcio Bandarra e Fred Confalonieri. Direção geral de Roberto Talma.

Torre de Babel foi exibida de 25 de maio de 1998 a 16 de janeiro de 1999. Novela de Sílvio de Abreu. Escrita por Sílvio de Abreu, Alcides Nogueira e Bosco Brasil. Direção de Denise

Saraceni, José Luís Villamarin, Carlos Araújo e Paulo Silvestrini. Direção geral de Denise Saraceni. Núcleo Carlos Manga.

Totalmente Demais foi exibida de 9 de novembro de 2015 a 30 de maio de 2016. Novela de Rosane Svartman e Paulo Halm. Escrita por Mário Viana, Cláudia Sardinha, Fabrício Santiago e Felipe Cabral, com revisão de texto de Charles Peixoto. Direção de Marcus Figueiredo, Noa Bressane, Luis Felipe Sá, Thiago Teitelroit. Direção geral de Luiz Henrique Rios.

Um Lugar ao Sol foi exibida de 8 de novembro de 2021 a 25 de março de 2022. Escrita por Lícia Manzo, com colaboração de Leonardo Moreira, Rodrigo Castilho, Carla Madeira, Cecília Giannetti, Dora Castellar e Marta Góes. Direção de Vicente Barcellos, Clara Kutner, João Gomez, Pedro Freire e Maria Clara Abreu. Direção geral de André Câmara e direção artística de Maurício Farias.

Vale Tudo foi exibida de 16 de maio de 1988 a 6 de janeiro de 1989. Novela de Gilberto Braga, escrita por Gilberto Braga, Aguinaldo Silva e Leonor Bassères. Direção de Dennis Carvalho e Ricardo Waddington. Direção geral de Dennis Carvalho.

Velho Chico foi exibida de 14 de março a 10 de outubro de 2016. Novela de Benedito Ruy Barbosa, escrita por Edmara Barbosa e Bruno Barbosa Luperi. Supervisão de texto de Benedito Ruy Barbosa. Colaboração de Luis Alberto de Abreu. Direção de Luiz Fernando Carvalho, Carlos Araújo, Gustavo Fernandez e Philippe Barcinski. Direção geral de Luiz Fernando Carvalho.

Véu de Noiva foi exibida de 10 de novembro de 1969 a 27 de junho de 1970. Novela de Janete Clair, com direção de Daniel Filho.

Este livro foi impresso na cidade de São Bernardo do Campo, nas oficinas da Gráfica Paym, em março de 2024 para a Editora Perspectiva